AF185016

www.tredition.de

www.tredition.de

Vom Suchen und Finden
der Liebe

ihr Zauber und ihre Macht

Mariana Gleue

www.tredition.de

© 2020 Mariana Gleue

Coverdesign: Jennifer Schmidt-Rüdt

Verlag und Druck: tredition GmbH, Halenreie 40-44, 22359 Hamburg

ISBN
Paperback: 978-3-347-21454-5
Hardcover: 978-3-347-21455-2
e-Book: 978-3-347-21456-9

Inhaltsverzeichnis

Einleitung: Vom Suchen und Finden der Liebe

Lieber Leserin, lieber Leser, ich freue mich, dass Sie sich für mein zweites Buch »Vom Suchen und Finden der Liebe – ihr Zauber und ihre Macht« entschieden haben. Ich bin Mariana Gleue, Beziehungscoach, und seit vielen Jahren berate ich in Sachen Liebe und Beziehung. In meinem ersten Buch »Der Genuss der Zweisamkeit« geht es um die Geheimnisse einer erfüllenden Beziehung.

Wir alle, jeder von uns, trägt in sich die Sehnsucht nach einer erfüllenden Partnerschaft. Wir wünschen uns, geliebt zu werden und selbst Liebe zu geben. Gleichzeitig scheitern so viele von uns an diesem Ideal.

Zurück bleiben gebrochene Herzen und enttäuschte Hoffnungen. Das kann soweit führen, dass wir uns selbst einreden, die wahre Liebe gäbe es nicht oder aber wir hätten sie nicht verdient.

Jeden Tag werden wir mit einer Vielzahl von Idealen zu der wahren Liebe konfrontiert. Sie soll uns ereilen, wie ein Blitzschlag, keine Fragen mehr offenlassen. Die meisten Hollywood-Romanzen enden mit dem Moment, an dem sich die beiden Hauptdarsteller ineinander verlieben. Doch wie es ab dann weiter geht und woher wir überhaupt wissen, ob unser Gegenüber die eine, wahre Liebe verkörpert, darüber werden wir im Unklaren gelassen.

Genau dafür möchte ich Abhilfe schaffen.

Als Beziehungscoach kenne ich mich mit den Bedürfnissen und Anforderungen all der Liebeshungrigen dort draußen aus und eines weiß ich: Weder ist die Liebe für einige von uns unerreichbar noch kann sie uns nur ein einziges Mal ereilen.

Im Gegenteil: Wenn wir uns für das Wunder der Liebe öffnen, dann wird sie mit aller Macht in unser Leben treten und es verzaubern. Ich spreche dabei sowohl von der partnerschaftlichen Liebe als auch der einzigartigen Liebe zu uns selbst, die wir im Alltag allzu schnell vernachlässigen.

Dabei gehört beides zusammen! Wer sich selbst nicht nach Kräften liebt, der wird niemals einen anderen ganz und aufrichtig lieben können! Das ist eines der vielen Geheimnisse der Liebe, über die wir leider nicht aufgeklärt werden.

In einer seiner ersten Versionen trug dieses Buch noch den Titel »Das Spiel der Liebe« – denn nichts weiter ist die Liebe. Sie ist ein Spiel – das großartigste, bewegendste und berührendste, das wir uns vorstellen können.

Damit plädiere ich keineswegs dafür, dass wir mit den Gefühlen unserer Mitmenschen spielen, im Gegenteil.

Mein Ansatz ist, dass wir uns als aktive Gestalter unseres Liebeslebens verstehen und nicht darauf warten, dass die Liebe uns wie ein Blitzschlag ereilt.

Wer darauf wartet, der kann im schlimmsten Fall ein ganzes Leben in der Abwesenheit der Liebe verbringen und ein solches Schicksal hat nun wirklich niemand von uns verdient. Doch wenn wir die Liebe als Spiel verstehen, das wir in unser Leben einbinden, wenn wir die Liebe einladen als Schicksalsmacht, die in unserem Leben wirkt, dann wird sich ihr Zauber vor uns enthüllen und wir tauchen tief ein in das Mysterium der Liebe und was es für uns bereithält.

Nichts weniger möchte ich für Sie, liebe Leserin, lieber Leser: Lassen Sie sich von der Liebe verzaubern!

Mariana Gleue, im Herbst 2020

1. Er meldet sich nicht, sie meldet sich nicht – das Karussell der Liebe

Dieses Szenario kennen wir alle: Wir haben – online oder offline – jemanden kennengelernt, mit dem wir uns gut verstehen. Mehr noch, irgendwie ist der Funke übergesprungen und wir würden den anderen gerne noch besser kennenlernen. Doch, oha, auf einmal Funkstille.

Der andere meldet sich nicht und auf der eigenen Seite bleibt eine Menge Unsicherheit. Soll ich mich melden? Und wenn ja, wann? Oder wirkt das aufdringlich? Wie verhalte ich mich richtig? Damit beginnt das Karussell der Liebe, das in vielen Fällen in der gesamten Zeit des Kennenlernens und darüber hinaus anhält.

In diesem Buch geht es darum, wie man aus dem Karussell der Liebe aussteigt und die spannende Phase des Kennenlernens liebevoll und aufmerksam gestaltet.

Liebevoll – das gilt in beide Richtungen, sowohl in Richtung des potenziellen Partners als auch zu mir selbst. Denn das Risiko für Verletzungen und Enttäuschungen ist hoch und da gilt es, gut mit sich selbst umzugehen.

Die Angst vor der Enttäuschung

Am Anfang jeder Beziehung – jedes Kennenlernens – dominieren auf beiden Seiten Unsicherheiten und Ängste. Auf der einen Seite möchte man das Gegenüber gerne kennenlernen und sich am liebsten kopfüber in ein neues Liebesabenteuer stürzen, auf der anderen Seite ist da die Furcht vor der Zurückweisung und der Enttäuschung.

Wie geht man also am besten mit dieser Situation um, ohne sich um den Genuss dieser aufregenden Phase zu bringen?

Ganz egal, wie lange Paare schon zusammen sind, an die Phase des Kennenlernens erinnern sie sich noch ganz genau. Sie wird als prägend für den ganzen Rest der Beziehung erachtet.

Jeder kennt das: Da sind auf einmal 1000 Schmetterlinge im Bauch, es kribbelt überall, wenn man den anderen nur ansieht. Wir sind verliebt! Dieses Gefühl ist so schön, dass es regelrecht süchtig machen kann. Doch woher weiß ich überhaupt, ob mein Gegenüber zu mir passt? Mache ich mir vielleicht nur etwas vor? Wie finde ich heraus, ob mein Verliebtsein auch tatsächlich in eine Beziehung mündet?

Das Geheimnis der Liebe

Es gibt keine Statistik dazu, wie oft sich potenzielle Paare kennenlernen und dieses Kennenlernen dann tatsächlich in eine richtige Beziehung mündet.

Doch vermutlich geht ein relativ hoher Prozentsatz dieser Begegnungen auseinander, ohne, dass eine Beziehung daraus entsteht. Es kribbelt zwar, man fühlt sich auch zueinander hingezogen, doch es genügt nicht, um das gemeinsame Abenteuer Partnerschaft zu wagen. Es können Kleinigkeiten sein, an denen es scheitert – Gewohnheiten des anderen, Ansichten, räumliche Distanz, das Alter oder auch die jeweilige Lebenssituation.

In dieser frühen Phase sind die Gefühle für einander mehr als fragil und können bereits durch das kleinste Störgeräusch zunichtegemacht werden.

Es gehört zum Geheimnis der Liebe, wenn sich aus dem zarten Pflänzchen der ersten Gefühle tiefere Gefühle der Zugehörigkeit entwickeln, an deren Ende die Gewissheit steht: Wir gehören zusammen.

Liebe lebt (auch) von Kompromissen

Jeder von uns startet mit Erwartungen und Hoffnungen in das Abenteuer Liebe. Ganz gleich, ob wir bewusst suchen oder uns die Liebe zufällig begegnet, wenn sie sich in uns regt, dann folgen darauf eine ganze Menge Projektionen. Wir wünschen uns, dass der jeweils andere unser Traumpartner/unsere Traumpartnerin, ja, wenn möglich, die ganz große Liebe ist.

Das ist eine große Hypothek für das Kennenlernen und macht zugleich den Zauber aus. Eigentlich kennen wir unser Gegenüber noch gar nicht wirklich, doch etwas in uns fühlt sich zu ihm oder ihr hingezogen, und zwar ganz und gar.

Selbstverständlich hoffen wir, dass sie oder er in allem genau dem entspricht, was wir uns von einem/einer Partner:in wünschen.

Erst nach und nach gleichen wir unser Wunschbild mit der Realität ab und erleben dabei eine Reihe von Enttäuschungen. Manchmal gelingt es uns, unser Bild von dem anderen an die Realität

18

anzupassen und Kompromisse einzugehen, manchmal aber müssen wir einsehen, dass es keine Hoffnung gibt und wir nicht zueinander passen. Das geht immer mit einem Gefühl des Verlustes und der Enttäuschung einher.

Ob aus dem Verliebtsein Liebe wird, hat meistens weniger mit dem Zufallszauber der Liebe zu tun, sondern mit unserer Bereitschaft, uns auf unser Gegenüber einzulassen und Kompromisse einzugehen. Vielleicht war für uns etwa ein kleiner Bauchansatz immer ein absolutes No-Go, doch auf einmal stellen wir fest, dass uns das gar nicht stört.

Oder wir waren immer strikt dagegen, jemand mit einer bestimmten Weltanschauung gut zu finden, doch nun bemerken wir, dass es sogar reizvoll im Spiegel sein kann, diese in unserem Gegenüber zu entdecken und zu akzeptieren.

Wer mit allzu strikten Vorstellungen auf den Liebesmarkt prallt, der wird zwangsläufig viele Enttäuschungen erleben, denn: Die Traumfrau oder den Traummann gibt es so, wie wir uns sie oder ihn in unserer Fantasie vorstellen, nicht. Vielmehr sind wir auf Kompromisse angewiesen, um in der Realität glücklich werden zu können.

Doch wer zu viele Kompromisse eingeht, der findet sich womöglich rasch in einer Situation wieder, die ihn oder sie nicht glücklich macht. Der Königsweg liegt wie immer in der goldenen Mitte – und in einem guten Gespür für die eigenen Bedürfnisse.

Sie liebt ihn – liebt er sie?

Es ist kein Geheimnis – meistens ist es die Frau, die sich Hals über den Kopf verliebt und von Anfang an sehr viel mehr Gefühle investiert als der Mann. Viele Frauen wünschen sich aus tiefstem Herzen eine innige und vertrauensvolle Beziehung mit Mr. Right und sind bereit, dafür eine Menge Kompromisse einzugehen und viel zu investieren.

Viele Männer, das kann ich sagen, ohne ein Klischee zu bedienen, leiden unter Bindungsängsten. Sie weichen tiefen Gefühlen lieber aus, bleiben unverbindlich und warten ab, ob nicht doch noch etwas Besseres kommt. Das zu erkennen, kann gerade für Frauen sehr schmerzhaft sein und doch gehört es zum Spiel der Liebe dazu.

Um einer möglichen Enttäuschung zu entgehen, wenden Frauen verschiedene Taktiken an, um den

Mann von sich zu überzeugen, während Männer zahlreiche Ausreden vorbringen, um »nicht in die Falle zu tappen«, die die Frau für sie auslegt. Auch wenn wir uns gerne einreden, dass wir in diesen Ideen alle ganz einzigartig sind, so stimmt das leider nicht. Betrachten wir die einige der jeweiligen Taktiken ein wenig genauer:

Die Venusfalle – du gehörst mir!

Diese Taktik zeigt sich häufiger bei Männern als bei Frauen, trifft aber auf beide zu. Zunächst einmal haben Frauen einen Vorteil. Von ihnen wird nicht erwartet, in Liebesdingen den ersten Schritt zu machen. Sie können abwarten, bis sich ein geeigneter Kandidat nähert. Untersuchungen zeigen allerdings, dass es unmerkliche Signale der Frauen – ein Blick, ein Lächeln, ein kurzer Flirt – sind, die die Männer dazu ermuntern, weiter vorzustoßen. Er macht ihr Avancen, sie – lässt ihn erst einmal zappeln.

Das gehört dazu, denn wer als Frau zu schnell einlenkt, der gilt als »leicht zu haben«. Diese Basics des Flirtens lernen Jungen und Mädchen schon sehr früh. Sie mögen manch einem als antiquiert erscheinen und wenig zeitgemäß, wo doch heute Frauen und Männer gleichberechtigt sind, doch tatsächlich haben sie, unabhängig von Alter, Herkunft und Schicht, nichts an Bedeutung verloren.

Hat er jedoch einmal ihr Interesse erregt, dreht sich der Wind auf einmal. Sie malt sich schon früh alles Mögliche aus – den ersten Urlaub, Verlobung, Hochzeit, die Hochzeitsreise, Kinder. Er hingegen tritt, nachdem sein erster Jagdinstinkt befriedigt wurde, auf einmal auf die Bremse. Wenn aus dem Spiel auf einmal Ernst wird, dann möchte er da lieber noch einmal darüber nachdenken. Wir befinden uns mittendrin im Karussell der Liebe!

Für ihn ist das alles andere als einfach – da hat er ein Signal ihrer Liebe erhascht und nun lässt sie ihn an der langen Leine verhungern.

Wie nun damit umgehen? Die Antwort ist einfach: Durchhalten! Lassen Sie sich nicht abschrecken von ihren Versuchen, sich als »schwer zu haben« zu geben, sondern sehen Sie dieses Verhalten als ein Kompliment für sich. Sie hat Interesse, und zwar eindeutig! Halten Sie an Ihrem Kurs fest, bekunden Sie weiter Ihr Interesse – machen Sie ihr nach allen Regeln der Kunst den Hof. Dazu gehören kleine romantische Aufmerksamkeiten wie der obligatorische Blumenstrauß oder kleine Botschaften auf Zetteln, entführen Sie sie auf einen Ausflug und zeigen Sie Ihr mit aller Macht, dass sie die Eine für Sie ist.

Ich sehe ihn nicht – sieht er mich?

Lenkt ein Mann seine Aufmerksamkeit auf eine Frau, so hofft er zwar, von ihr erhört zu werden, doch gleichzeitig ist eine schnelle Reaktion das Schlechteste, was sie tun kann. Im Gegenteil: Je unnahbarer, je schwerer zu erreichen sie sich gibt, umso mehr befeuert sie seinen Jagdinstinkt.

Für einen Mann, der sich für eine Frau interessiert, gibt es nichts Schlimmeres, als dass sie zu schnell auf seine Avancen eingeht. Dann verliert er schlagartig das Interesse und wendet sich enttäuscht ab, während sie gar nicht weiß, was sie falsch gemacht hat. Eben war er doch noch Feuer und Flamme für sie!

Doch tatsächlich: Männern gefällt es, wenn das Objekt ihrer Begierde sich als »schwer zu haben« gibt und seine Annäherungsversuche sie kalt lassen. Dieser Trick ist einer der wirkungsvollsten, die Frauen überhaupt anwenden können, um sich für das andere Geschlecht interessant zu machen. Zwar liest man immer wieder, dass es Männer inzwischen schätzen, wenn Frauen den ersten Schritt machen, doch meiner Erfahrung nach hat sich an diesem Verhältnis bislang nichts grundlegend geändert.

Eine Frau, die zu offensiv flirtet, gilt schnell als »leicht zu haben« und damit als uninteressant für eine echte Beziehung. Das Gleiche gilt für Frauen, die auf die Avancen von Männern zu schnell eingehen. Deshalb gilt in dieser Phase des Flirtens: Machen Sie sich rar und damit exklusiv. Je exklusiver Sie sich geben, umso mehr wird er sich anstrengen, um Ihre Aufmerksamkeit zu erlangen.

Männer - und das ist eine durchaus zulässige Form der Verallgemeinerung – schätzen das, was rar ist. Eine Frau, die zu schnell grünes Licht bei einem Flirt gibt, steht unter dem Verdacht, dass sie beliebig ist.

Das setzt den Auswahlcharakter des Flirts herab – der Mann bekommt den Eindruck, dass es ja gar nicht um ihn als Person geht, sondern nur um männliche Aufmerksamkeit im Allgemeinen. Deshalb ist der wichtigste Rat in dieser frühen

Phase des Kennenlernens für die Frau: Machen Sie sich rar, geben Sie nur sehr dezente Signale, dass Sie das Interesse des Mannes möglicherweise erwidern, und lassen Sie ihn so lange wie möglich im Ungewissen über Ihre Gefühle und Absichten!

Geheimnisvoll und schwer zu haben – das Rezept für den perfekten Flirt

Ein Flirt ist ein wenig wie ein Tauchgang in unbekanntes Gewässer – wir begeben uns auf unbekanntes Terrain und entdecken nach und nach die Geheimnisse des anderen. Deshalb ist es in dieser Phase des Kennenlernens so wichtig, geheimnisvoll und zugleich verspielt zu bleiben. Alles außer dem Gewöhnlichen ist erlaubt.

Verliebt zu sein holt uns aus der Berechenbarkeit des Alltags und schleudert uns in eine magische Welt, in der auf einmal alles möglich ist. Diesen Zauber gilt es, solange wie möglich aufrecht zu halten.

Das kann besonders romantische Treffpunkte und Ideen beinhalten, aber auch spielerische Ideen, über die wir den anderen besser kennenlernen. Wichtig: Es muss authentisch bleiben. Kommt es zu gekünstelt oder gestellt rüber, verliert es seinen Reiz.

Gerade das Verspielte hilft Männern, ihre tief sitzenden Bindungsängste zu überwinden und sich auf das Spiel einzulassen. Wird es zu schnell zu ernst, ist der Mann sehr schnell verschwunden, und das, obwohl Männer wie Frauen gleichermaßen die Sehnsucht nach einer tiefen Beziehung haben. Der Unterschied: Männer werden darauf konditioniert, sich allein in der Welt zurechtzufinden und möglichst keine Gefühle zuzulassen, während uns Frauen schon früh der Wunsch nach dem Traumprinzen eingepflanzt wird. Das sind zwei unterschiedliche Bezüge auf die Welt, die erst einmal miteinander in Einklang gebracht werden müssen. Alles andere als einfach!

Reizvoll im Spiegel des anderen

Was uns an dieser Phase des Kennenlernens gefällt, ist unser Spiegelbild in den Augen des anderen. Der andere sieht uns schöner, aufregender und geheimnisvoller als wir in Wirklichkeit sind, und uns gefällt es, diese Illusion aufrechtzuerhalten.

Darin begründet sich diese Phase des Spiels der Liebe. Die Kunst ist, die richtige Mischung zwischen Illusion und Echtheit zu erreichen. Schließlich wollen wir dem anderen kein gefälschtes oder geschöntes Bild von uns vorgaukeln, andererseits ist es durchaus erlaubt, ein wenig die Fantasie spielen zu lassen.

Doch letztlich geht es doch darum, sich ernsthaft zu begegnen und kennenzulernen, denn wie soll ich sonst wissen, ob mein Gegenüber möglicherweise der/die Partner:in für das Leben ist? Und wie soll ich ihm die Gelegenheit geben, mich in all meinen Facetten, den schönen und den weniger schönen, zu erfahren?

Ganz grundsätzlich gilt: Auch wenn Ehrlichkeit natürlich Trumpf ist, gilt es in dieser Phase der Beziehung, sich von seiner besten Seite zu zeigen. Seien Sie aufmerksam, verführerisch, geben Sie sich interessant, wild und außergewöhnlich. Zeigen Sie Ihre Schokoladenseite – natürlich ohne zu dick aufzutragen. Die negativen Seiten lernt ein Partner noch früh genug und ganz von selbst kennen – kein Grund, sie ihm unter die Nase zu reiben. Das hat nichts mit Lügen zu tun, sondern viel mit der Kunst der Verführung, und die gerät heutzutage zu schnell in den Hintergrund.

Bestimmt, aber zugleich flexibel – kein Gegensatz!

Wenn ich mit Menschen spreche, die auf der Suche nach der ganz großen Liebe sind, dann fällt mir immer wieder auf, dass sich viele Menschen gar nicht so sicher sind, was sie eigentlich suchen. Sie wissen nur: Sie möchten nicht länger alleine sein und suchen den einen oder die eine Partner:in für das Leben. Doch was soll dieser eine besondere Mensch eigentlich mitbringen? Es ist von Vorteil, sich darüber Gedanken zu machen und ein paar Dinge festzulegen, sowohl äußerlich als auch innerlich.

Sollte er zum Beispiel größer sein? Sind helle Haare ein absolutes Must? Muss er mehr verdienen oder sie jünger sein? Was ist mit Merkmalen wie Abenteuerlust, Bücherliebe, Familiensinn, Neugier, Hobbys und Freizeitgestaltung, Sport, Politik, Religion und Werten?

Es lohnt sich, sich darüber Gedanken zu machen. Wenn ich etwa Atheist bin, dann werde ich mit einer sehr religiösen Person vermutlich nicht glücklich werden, ganz gleich, wie sehr es auf den ersten Blick bei uns »funkt«.

Bin ich bereit, eine Fernbeziehung zu führen und wenn ja, wie groß darf die Distanz sein? Was ist mit dem Altersunterschied? Und wie gehe ich damit um, wenn mein Gegenüber einen anderen kulturellen Hintergrund hat?

Natürlich sollten wir alle jederzeit offen für alles sein, doch wenn wir ehrlich sind, dann haben wir meist sehr konkrete Vorstellungen davon, was ein potenzieller Partner an Eigenschaften mitbringt. Auch die Fragen nach Kindern aus vorangegangenen Beziehungen, Haustieren, Lebensstandard und Lebensweise können entscheidend dafür sein, ob ein Topf seinen berühmten Deckel findet.

Je klarer ich mir über das bin, was ich mir wünsche, ohne allzu starr daran festzuhalten, umso eher werde ich im großen Datingpool des Lebens auch den Partner finden, der genau zu mir passt. Gemeinsame Aktivitäten wie Hobbys und Interessen sind immer ein guter Anhaltspunkt, um mir vor Augen zu führen, was für einen Partner ich mir wünsche. Ein bekennender Couch-Potato wird kaum mit einem outdoorbegeisterten Sportfreak glücklich werden.

Flexibel zu sein, heißt, die Möglichkeit in Betracht zu ziehen, dass mein Wunschpartner auch außerhalb meiner Vorgaben existieren kann. Vielleicht lehne ich Männer mit Bärten ab, doch mein Traummann trägt nun einmal gerade einen Bart. Möglicherweise waren Kinder für mich immer ein No-Go, doch mit der richtigen Frau spielt das auf einmal gar keine Rolle mehr.

Es kann hilfreich sein, sich eine Liste anzulegen, mit Eigenschaften, die der Traumpartner in jedem Fall mitbringen muss und solche, die eher unter »Nice to have« zu verbuchen sind.

Was auf den ersten Blick furchtbar unromantisch wirkt, kann uns davor bewahren, unsere Zeit und unsere Gefühle mit den falschen Personen zu verschwenden, mit denen die Aussicht auf ein gemeinsames Glück von vorneherein eher gering ist.

Das bedeutet nicht, der Liebe das Glück des Zufalls zu rauben, dieses Moment spielt immer eine Rolle, doch als erwachsene Menschen bringen wir eben eine gewisse Sicht auf das Leben und unsere Zukunft mit und ein überzeugter Business-Mensch wird mit einem bekennenden Hippie auf Dauer ebenso wenig glücklich werden wie ein Einzelgänger mit einem ausgeprägten Familienmenschen.

»Gleich und gleich gesellt sich gern« und »Gegensätze ziehen sich an«, irgendwo in der Mitte liegt die Wahrheit, die jeder von uns immer wieder ganz von Neuem definieren muss. Entscheidend ist, dass mein Partner und ich uns bei den wichtigen Punkten ergänzen und bei anderen wieder herausfordern. Welche das sind, das muss tatsächlich in jeder Beziehung immer wieder neu festgelegt werden.

Wo und wie finde ich meinen Traumpartner?

Auf diese Frage gibt es inzwischen eine ganze Reihe von Antworten. Neben dem »klassischen« Weg über gemeinsame Freunde oder einem Besuch in der Kneipe gibt es Partnervermittlungen, Online-Dating-Seiten und Flirt-Apps. Welche dieser Wege der richtige ist, das muss letztlich jeder selbst ausprobieren, doch meiner Erfahrung nach sind die Kennenlernwege, die am oberflächlichsten sind, am wenigsten dazu geeignet, den Partner für das

Leben zu finden. Das liegt vielleicht in der Natur der Sache.

Wenn ich mit nur einem Klick Dutzende von Optionen habe, dann fällt es möglicherweise schwer, mich auf eine Einzige zu konzentrieren. Außerdem laufe ich dort Gefahr, auf lauter Menschen zu treffen, die zwar Interesse am Flirten haben, aber weniger an einer festen Beziehung.

Das kann für mich, wenn ich auf der Suche nach einer festen Beziehung bin, für eine Reihe von Enttäuschungen sorgen. Besser ist es, meine Partnersuche auf die Medien zu verlegen, die sicherstellen, dass mein Gegenüber ebenfalls auf der Suche nach einer festen Partnerschaft ist.

Auch die ein wenig altmodisch daherkommende Suchanzeige in Zeitschriften ist da keineswegs aus der Mode. Schalte ich diese zum Beispiel in Zeitschriften, die für ein bestimmtes Hobby stehen, etwa Radfahren oder Wandern, für das ich mich auch begeistere, erhöhe ich die Chancen, dass sich auch tatsächlich Menschen melden, die meine Vorlieben teilen und zugleich Interesse an einer richtigen Beziehung haben.

Die 1. Kontaktaufnahme

Wie bereits angedeutet, ist es ratsam, stets den Mann den ersten Schritt machen zu lassen. Was frau derweil tun kann, ist ihr Profil oder ihre Anzeige oder auch schlicht ihr Äußeres so interessant zu gestalten, dass sie ganz sicher aus der Masse heraussticht.

Fragen Sie sich dazu ehrlich: Was macht Sie aus? Was sind Ihre Stärken? Was sind Eigenschaften, mit denen Sie andere begeistern können und die Sie eindeutig von anderen abheben? Was würde Ihnen an einem Partner gefallen, was Sie eher verwirren? Diese ehrliche Bestandsaufnahme ist ein wichtiger Schritt, um bei der Suche nach dem oder der Richtigen nicht immer wieder enttäuscht zu werden und auf Ablehnung zu stoßen.

Denn, auch wenn wir darüber ungern sprechen, jede neue Enttäuschung hinterlässt eine Narbe auf unserem Herzen und schlimmstenfalls macht sie uns bitter und voller Vorurteile, so dass wir gar nicht mehr unbefangen auf einen möglichen Mr. Right zugehen können, wenn er denn dann erscheint.

Denn: Liebe kann niemand von uns erzwingen. Sie tritt als eine Naturgewalt in unser Leben. Genau das macht sie ja so großartig. Doch durch das richtige Verhalten können wir die Wahrscheinlichkeit erhöhen, dass sie sich in unserem Leben einfindet.

Wenn wir stets davon überzeugt sind, dass es den oder die Richtige/n für uns ohnehin nicht gibt, dann wird sich unsere Realität aller Wahrscheinlichkeit nach auch genauso gestalten.

Stattdessen sollten wir lieber mit aller Kraft daran glauben, dass das Leben auch für uns die ganz große Liebe bereithält, und zwar bereits hinter der nächsten Wegbiegung. Die Enttäuschung, wenn sie dann doch wieder auf sich warten lässt, schieben wir am besten beiseite und bleiben dennoch hoffnungsvoll. Nur so kann das Projekt »Liebe meines Lebens« letztendlich gelingen und das kann durchaus das Schwierigste sein, das wir jemals getan haben.

Die Kunst der Verführung

Im Mittelalter gab es eine eigene Gesangsrichtung – die Minne – die nur dazu diente, unerreichbare Frauen anzuhimmeln. Später gehörte es zum guten Ton, dass Männer Frauen »den Hof machten« und mit zahlreichen Briefen, Spaziergängen und

Aufmerksamkeiten um die Gunst einer Dame buhlten, manchmal über viele Jahre hinweg.

Die Kunst der Verführung ist in Zeiten des Online-Datings in den Hintergrund getreten. Mir fällt auf, dass auch immer mehr Männer den Eindruck vermitteln, als bedienten sie sich lediglich an einem gut gefüllten Buffet und die Frauen als eigentliches Objekt ihrer Begierde aus den Augen verlieren. So sollte es nicht sein! In Sachen Verführung darf man ruhig ein wenig altmodisch sein und sich Zeit lassen. Nichts sagt dem anderen deutlicher, wie viel er uns bedeutet, als wenn wir ihm Zeit schenken.

Ein Kuss nach dem 1. Date ist vollkommen in Ordnung, doch für alle weiteren Zärtlichkeiten sollte man sich Zeit lassen, ganz gleich, wie hoch die Flammen des Begehrens lodern. Dabei geht es auch um Respekt für das Gegenüber. Und: Auch heute noch gilt eine Frau, die sich nach dem ersten Date »hingibt«, als leicht zu haben und damit als weniger geeignet, um eine langfristige Beziehung zu führen.

Es ist richtig, dass solche Ansichten heute eigentlich keine Rolle mehr spielen sollten, schließlich leben wir heute Gleichberechtigung und sexuelle Befreiung, doch es hilft auch nichts, die

Augen vor der Realität zu verschließen und in sein Unglück zu rennen.

Ähnliches gilt für die Frage, wer denn nun beim 1. Date bezahlt. Heute verdienen Frauen ihr eigenes Geld und machen ihre Unabhängigkeit auch dadurch deutlich, dass sie sich nicht von einem Mann einladen lassen.

Das ist durchaus ehrenwert und muss auch berücksichtigt werden, doch in Sachen Dating gelten, zumindest bei heterosexuellen Paaren und um solche geht es in diesem Buch, noch immer andere Regeln. Gleichzeitig wünscht er sich, seinem Anspruch als Gentleman gerecht zu werden und die »alte Schule« zu verkörpern.

Ich empfehle folgendes Vorgehen, um beiden gerecht zu werden: Wenn die Rechnung kommt, bietet sie an, die Hälfte zu übernehmen, doch er übernimmt sie mit dem Hinweis, dass sie ja beim nächsten Mal dran sein könnte. So ist beiden Ansprüchen genüge getan ohne, dass sich jemand schlecht fühlen muss.

Tatsächlich sollte man als Mann durchaus berücksichtigen, dass Frauen zwar sagen, diese Dinge seien ihnen nicht so wichtig, doch ich habe in zahlreichen Gesprächen gehört, dass sie sich dennoch wünschen, dass der Mann die Rechnung übernimmt und es auch durchaus als Ausschlusskriterium betrachten, wenn er es nicht tut. Eine Zwickmühle für jeden Mann!

Do's and Don't's beim 1. Date

Das 1. Date ist mit viel Aufregung verbunden. Da kann es leicht passieren, dass wir zu viel oder zu wenig reden, oder über die falschen Themen. Während er sich eher wortkarg gibt oder zu dick aufträgt, läuft sie Gefahr, zu viel über Themen zu reden, die ihn nicht interessieren.

Prinzipiell ist beim 1. Date natürlich alles erlaubt, doch ein paar Regeln sollte man sich zu Herzen nehmen, wenn es nicht vollkommen schiefgehen soll.

1. Machen Sie sich schön, aber bleiben Sie Sie selbst!

Es ist inzwischen ein alter Hut, dass Männer mehr visuell geprägt sind als Frauen. Deshalb kommt dem Aussehen natürlich eine besondere Bedeutung zu. Es spricht nichts dagegen, ein schönes Kleid und hohe Absätze zu tragen und ihm zu zeigen, dass man sich für ihn herausputzt.

Doch wer sich »verkleidet« und Sachen trägt, in denen sie sich nicht wohlfühlt, der vergibt die Chance, mit einem verführerischen Outfit zu punkten. Gleiches gilt für zu viel Haut und zu viel Sexappeal. Verführerisch ist gut, billig ist etwas anderes. Der Grat ist schmal, deshalb kann es hilfreich sein, eine Freundin hinzuzuziehen, die den Look einem letzten Check-Up unterzieht.

2. Wählen Sie einen Ort, an dem Sie sich beide wohlfühlen!

Natürlich kann man sich auch beim Klettern oder beim Tiefseetauchen kennenlernen, doch für die meisten Dates gilt, einen Ort auszusuchen, an dem sich beide wohlfühlen.

Selbstverständlich kann es Eindruck machen, sich in der angesagtesten Bar der Stadt zu treffen, nur wir man dort vermutlich keinen ruhigen Satz sprechen können.

Gleiches gilt für überfüllte Restaurants oder andere Orte. Im Mittelpunkt sollte immer der jeweils andere stehen – und nicht die Location. Ein gemütliches Restaurant, ein Spaziergang im Park oder ein Kaffee in einem netten Café, für beide gut zu erreichen und ohne zu viel Trubel, das sind die perfekten Örtlichkeiten für ein 1. Date.

3. Wählen Sie Gesprächsthemen, die beide interessieren!

Ganz klar, jeder hat so seine Lieblingsthemen. Aber für das 1. Date lohnt es sich, sich zuvor Gedanken darüber zu machen, worüber man sich unterhalten möchte. Zum einen verhindert man so peinliche Gesprächspausen, zum anderen kann man so sicher die Führung übernehmen, wenn der andere ein wenig schüchtern ist.

Auch wenn Frauen das nicht gerne hören: Männer mögen es im Allgemeinen nicht so sehr, wenn Frauen in der Konversation zu sehr dominieren, deshalb ist es gut, sich hin und wieder zurückzunehmen. Doch umgekehrt gilt genauso: Schwärmt er unablässig nur von sich selbst, ohne auf sie einzugehen, erlischt das Interesse sicher schnell.

Gute Themen für das 1. Date sind: Hobbys, der Beruf, der persönliche Werdegang, der letzte

Urlaub, Themen, für die man sich gerade interessiert oder in denen man sich weiterbildet, das letzte Buch, das man gelesen hat, die letzte Entdeckung, die man gemacht hat – kulinarisch, im Urlaub, beim Weggehen.

Auch Podcasts, Online-Kurse und gesellschaftliche Themen wie Digitalisierung oder Spiritualität eignen sich, um sich locker auszutauschen und sich kennenzulernen.

Weniger geeignet sind Themen wie Politik, Religion, die letzte Beziehung und schwierige Gewässer wie die Zukunftsplanung von Hochzeit und Kindern. Diese Themen sollte man auf einen Zeitpunkt in der Zukunft verschieben, an dem man sich bereits besser kennt und das Risiko für Missverständnisse nicht so hoch ist.

Entscheidend ist, dass man durch Fragen Interesse an dem anderen bekundet und die Gesprächsanteile etwa gleich hoch sind. Nur so fühlen sich beide wohl. Wenn das Gegenüber gefällt, kann man das durchaus durch beiläufige Berührungen am Arm oder ein lautes Lachen kundtun.

Auch hier gilt: Bleiben Sie sie selbst. Zeigen Sie sich von Ihrer Schokoladenseite, aber verstellen Sie sich nicht! Letztlich soll sich Ihr Gegenüber ja in Sie verlieben, nicht in ein künstliches Zerrbild.

4. In der Kürze liegt die Würze!

Klar, wenn man sich gut versteht und sich viel zu erzählen hat, dann möchte man am liebsten die ganze Nacht miteinander verbringen. Doch die Erfahrung zeigt, auch wenn die Anziehung da ist, ist es besser, das erste Date frühzeitig zu beenden, etwa nach zwei Stunden und sich lieber für ein zweites Date zu verabreden.

Auf diese Weise bleiben Neugier und Aufregung erhalten und auch ein wenig Geheimnis. Setzen Sie sich feste Zeiten, an denen das Date endet, entschuldigen Sie sich mit frühem Aufstehen oder Verpflichtungen und beenden Sie das Date rechtzeitig. Auf diese Weise machen Sie sich interessant. Der oder die andere wird über Sie nachdenken und einem zweiten Date steht nichts im Wege. Sich dafür gleich zu verabreden, enthebt außerdem beide der Sorge, wer sich denn nun zuerst meldet, einem wichtigen Punkt im Liebeskarussell.

5. Wer meldet sich zuerst?

Auch wenn die Verabredung zum 2. Date bereits beim 1. getroffen wurde, enthebt uns das nicht der Frage: Wer meldet sich denn jetzt zuerst?

So schwer es fällt, die Frage darauf ist meiner Erfahrung nach eindeutig: Er schreibt zuerst, bedankt sich für das Treffen und lädt dazu ein, die Unterhaltung per Text oder Telefonat weiter leben zu lassen.

So gut sich das auch anfühlt: Auch hier hat sich das berühmte Zappelnlassen bewährt. Antworten Sie als Frau nicht sofort auf jede Nachricht, seien Sie freundlich, aber auch nicht zu ausschweifend, schließlich gibt es noch eine Menge Dates, auf denen Sie sich alles erzählen können.

Die Romantik der alten Schule

Viele von meinen Romantik- und Datingtipps mögen auf den ersten Blick reichlich antiquiert daher kommen. Heute ist doch irgendwie alles anders. Die Zuschreibungen, was jetzt genau männlich und was weiblich ist, haben sich grundlegend geändert - und das ist gut so. Als erfahrene Unternehmerin würde ich meinen Status der Freiheit und Selbstbestimmung um keinen Preis – und auch für keinen Mann der Welt – wieder aufgeben.

Aber: Das bedeutet nicht, dass wir alles, was wir über die Liebe wissen und was wir im Laufe der Jahrhunderte und Jahrtausende an Erfahrungswissen angehäuft haben, über Bord werfen müssen.

Wir Menschen tendieren zur Monogamie. Das bedeutet, dass wir uns nach Möglichkeit einen Partner suchen und uns wünschen, mit diesem Partner ein Leben lang zusammen bleiben zu können. Gleichzeitig sind heutzutage die äußeren Umstände, die Paare früher dazu zwangen, eine Ehe auch ohne Liebe weiter zu führen, weggefallen. In den modernen Industriestaaten müssen die meisten Frauen nicht mehr bei einem Mann bleiben, weil er sie finanziell versorgt. In den meisten Partnerschaften verdient jeder sein eigenes Geld oder es wurden entsprechende Vereinbarungen getroffen, etwa wenn sie für die Kindererziehung einige Jahre beruflich kürzer tritt. Auch gibt es immer mehr Hausmänner, die sich um Haushalt und Familie kümmern, während sie das Geld verdient. Eine tolle Entwicklung!

Was heißt das nun in Sachen Dating? Ist es nicht eine Frage der Effizienz, sich mit möglichst vielen potenziellen Partnern zu treffen, bevor man sich entscheidet? Prinzipiell, ja, das ist es. Doch bei der Liebe geht es nicht um Effizienz, es geht um das Gefühl, das einzigartige Gefühl, jemandem zu begegnen, der für unser weiteres Leben von größtmöglichem Belang ist. Und dieses Gefühl braucht zweierlei Dinge: Möglichkeit und Aufmerksamkeit.

Die Möglichkeit, einem solchen Menschen zu begegnen, schaffen wir, indem wir auf Partnersuche und auf Dates gehen. Doch die Aufmerksamkeit nimmt automatisch ab, je mehr potenzielle Partner wir treffen.

Dieses Phänomen lässt sich gut an den modernen Dating-Apps beobachten. Durch das »Wisch-und-weg-«Verhalten bleibt die Aufmerksamkeit nicht lange genug bei meinem Gegenüber, als dass sich tiefere Gefühle für dieses Gegenüber einstellen könnten. Deshalb ist eines der grundlegendsten Geheimnisse im Spiel der Liebe: Schenke deinem Gegenüber immer die volle und ungeteilte Aufmerksamkeit! Nur dann kannst du herausfinden, ob ihr beide etwas füreinander empfindet. Das bedingt, dass es keinen Sinn macht, sich gleichzeitig mit mehreren potenziellen Beziehungspartnern zu treffen, da das nur zu Irritationen im Gefühlsleben führen kann.

Kehren wir zurück zu den leicht antiquierten Vorstellungen von Dating und Kennenlernen.

In früheren Zeiten diente jedes Kennenlernen dem Anbahnen einer Ehe. Heute ist das glücklicherweise nicht mehr so, wir alle sind frei, uns selbst in der Begegnung mit anderen auszuprobieren und zu entdecken. Doch früher oder später setzt bei jedem der Wunsch ein, jemandem zu begegnen, mit dem wir uns mehr vorstellen können als nur eine Affäre oder eine lose Bindung. Wir wollen echte, tiefe Gefühle – wir wollen als der Mensch, der wir sind, gesehen, und geliebt werden. Das ist eines der ursprünglichsten und universalen Gefühle des Menschseins und deshalb sollten wir es nicht zu gering schätzen.

Um glücklich zu sein, brauchen wir vielerlei, doch ganz sicher brauchen wir intakte Beziehungen zu anderen Menschen – und zu uns selbst! Deshalb beinhaltet das Suchen und Finden der Liebe auch immer die Liebe zu sich selbst, wie wir in Kapitel 3 noch sehen werden.

Karriere, Erfolg, Anerkennung, all das kann uns eine Menge schenken, doch nichts kann ersetzen, was der liebevolle Blick einer von uns geliebten Person für uns bedeutet.

Manch einer mag sich einreden, dass für ihn die Liebe keine Bedeutung hat, mag sich nach zahlreichen Enttäuschungen abwenden und das Bedürfnis nach Liebe und Sexualität »sublimieren«, wie es Sigmund Freud vorschlägt, doch die Erfahrung zeigt, dass sich das Bedürfnis nicht dauerhaft unterdrücken lässt.

Vielmehr geht es in ein Gefühl der Bitterkeit und Enttäuschung über. An die Stelle der Sehnsucht tritt eine Narbe - die Narbe der Enttäuschung und der Zurückweisung. Auf einmal scheint die ganze Welt nur noch aus glücklichen Paaren zu bestehen – all die anderen, die auch allein und unglücklich sind, sehen wir nicht mehr.

Die Welt wird dann zu einem düsteren und lichtlosen Ort, an dem es keine Hoffnung mehr gibt. Denn genau das verkörpert die Liebe für uns – das reine Gefühl der Hoffnung, dass in unser Leben ein Licht treten und alles verändern kann.

Nur weil sich diese Hoffnung bislang nicht erfüllt hat, bedeutet das nicht, dass wir nicht länger an sie glauben sollen. Denn als Bedürfnis und Sehnsucht bleibt sie in uns bestehen.

Vielmehr sollen wir damit beginnen, mit vollem Einsatz und ganzem Bewusstsein nach der großen Liebe zu suchen. Das bedeutet, dass wir uns auch darüber im Klaren sind, dass Enttäuschung und Zurückweisung jederzeit möglich sind. Doch wenn ich meinen Fokus darauf lenke, dass ich liebe und geliebt werde, dann wird sich genau das in meinem Leben ausdrücken und manifestieren.

Es ist der Glaube, der Berge versetzt – und genau darum geht es beim Suchen und Finden der Liebe!

2. Ist es Liebe oder nur ein Zeitvertreib?

In einer perfekten Welt entstehen alle Beziehungen nur aus echter, tiefer und aufrichtiger Liebe.

Doch wenn wir uns in der Realität umschauen, dann stellen wir fest, dass Menschen aus allen möglichen Gründen miteinander zusammen sind: aus Angst vor dem Alleinsein, aus Gewohnheit, aus Bequemlichkeit, um sich von einer anderen, gescheiterten Beziehung abzulenken oder weil man in den Partner alle möglichen Dinge hineinprojiziert, die man sonst vermisst. Für eine Beziehung sind das schwere Hypotheken, die im schlimmsten Fall verhindern, dass man glücklich miteinander wird.

Wenn wir unser Herz mit jemandem besetzt halten, den wir nicht wirklich oder aufrichtig lieben, dann verhindern wir damit aktiv, dass wir jenem Partner begegnen, der uns in den Tiefen unseres Herzens wirklich berührt.

Es spielt keine Rolle, ob wir an die Macht des Schicksals glauben, jeder von uns weiß, dass die wahre Liebe wirklich existiert, sonst würden wir uns nicht nach ihr verzehren. Es ist unwichtig, ob wir sie selbst schon einmal erlebt haben oder sie nur aus

Filmen und Liedern kennen, ihre pure Existenz macht sie zum Sehnsuchtsort für uns.

Glaube versetzt Berge

Als Expertin für Liebesdinge darf ich Ihnen zwei Dinge verraten: Die wahre Liebe existiert und sie kann unser Leben durchaus mehr als einmal berühren.

Es ist nicht so, als gäbe es da draußen für jeden von uns nur den einen Richtigen oder die eine Richtige. Die wahre Liebe ist eine Frage des Gefühls, nicht der Einmaligkeit.

Entscheidend ist, dass wir offen für sie sind und weiterhin an ihren Zauber glauben. Bestimmt hat jeder von Ihnen schon einmal vom sogenannten Placebo-Effekt gehört. Der Glaube kann Berge versetzen, das gilt natürlich und insbesondere in Sachen Liebe.

Wenn wir nicht an sie glauben, dann kann sie sich in unserem Leben auch nicht ereignen. Nur, wenn wir ihr die Möglichkeit einräumen, sich zu ereignen, dann wird sie auch stattfinden.

Von Visualisierung und Manifestation

Die Liebe gehört zu den großen Mysterien, die das Leben für uns bereithält. Ob wir es zugeben oder nicht, im Grunde wünscht sich jeder von uns, sie zumindest einmal zu erleben und sie am besten für ein Leben lang auch nicht mehr loszulassen.

Ich empfehle meinen Klienten dabei immer, sich den Moment der Erfüllung ihrer Wünsche ganz genau vorzustellen. Wie wird es sich anfühlen, wenn sie zum ersten Mal sagen »Ich liebe dich«? Was werden sie anhaben? Wie wird sich ihr Herzschlag beschleunigen, die Atmung schneller gehen? Was wird das Gegenüber antworten? Es kann sogar hilfreich sein, sich den konkreten Ort vorzustellen!

Das, was wir uns wirklich wünschen, wird sich auf die eine oder andere Weise in unserem Leben manifestieren, deshalb ist es so wichtig, dass wir darauf achten, was wir uns wünschen.

Jeder von uns führt den ganzen Tag im Stillen Unterhaltungen mit sich selbst und unser Unterbewusstsein hört unablässig zu. Reden wir uns selbst ein, dass wir nicht liebenswert sind, dann wird genau das zu unserer Realität werden. Wichtig ist es, auch den versteckten Glaubenssätzen in unserem Inneren auf die Spur zu kommen.

Jeder von uns trägt alte Verletzungen aus der Kindheit oder früheren Beziehungen mit sich herum, die sich in Form von Glaubenssätzen in uns festsetzen. »Mit mir hält es niemand aus« oder »Ich habe echtes Glück gar nicht verdient« sind solche Glaubenssätze.

Meistens sind wir uns ihrer gar nicht bewusst, deshalb ist es umso wichtiger, sie uns aktiv in das Bewusstsein zu holen, in dem wir uns selbst bei der Unterhaltung zuhören. Was sind das für Dinge, die wir uns selbst erzählen? Sind sie positiv und von Selbstliebe geprägt? Oder sind sie negativ und limitieren sie uns in den Möglichkeiten, glücklich zu werden und Liebe zu erfahren? Mehr dazu gibt es in Kapitel 3 unter dem Stichwort »Selbstliebe«.

Für dieses Kapitel ist es vor allem wichtig, dass wir ehrlich sind – ehrlich zu uns selbst und ehrlich gegenüber einem potenziellen Partner.

Die große Liebe – weniger gilt nicht!

Sicher, wer sich in realen Beziehungen umsieht, der findet dort nicht immer die wahre Liebe in Reinform.

Menschen können sich aus ganz unterschiedlichen Gründen entscheiden, ein Stück des Weges gemeinsam zu gehen. Manchmal macht es die Anwesenheit eines anderen leichter, manchmal ziehen wir einen bestimmten Nutzen daraus, wenn wir mit diesem oder jenem Menschen zusammen sind. Das ist auch völlig in Ordnung. Worauf es ankommt, ist, dass wir uns nicht selbst belügen.

Diese Art Beziehung kann auf Anziehung und Zuneigung basieren, doch mit echter und aufrichtiger Liebe haben diese Art von Verhältnissen nichts zu tun und es ist von Bedeutung, dass wir den Unterschied kennen. Ansonsten gehen unsere Antennen für die echte Liebe nämlich bald verloren. Ich möchte diese Art von Arrangements keineswegs schlecht reden – die Gründe, warum sich Menschen zusammen tun, sind so vielfältig wie die Menschen selbst.

Doch es ist wichtig, dass wir uns keinen Illusionen hingeben, um nicht verletzt zu werden. Wenn ich weiß, dass mein Gegenüber nur mit mir zusammen ist, weil er nicht gut allein sein kann, dann kann ich mich damit zufriedengeben, doch mit der wahren Liebe verwechseln sollte ich es auf keinen Fall.

Und vielleicht hindert mich dieses Arrangement daran, der wahren Liebe in meinem Leben eine Chance zu geben. Denn wer mit seinem Partner »zufrieden« ist, der ist natürlich nicht auf der Suche nach der wahren Liebe.

Echte Liebe – was ist das eigentlich?

Echte und reife Liebe zeichnet sich dadurch aus, dass sie nicht versucht, den anderen zum Mittel meiner Zwecke zu machen. Ich liebe den anderen, bedingungslos. Das ist das Ideal der Liebe.

Das heißt, ich stelle an ihn (oder sie) keine Anforderungen, ich liebe um der Liebe willen und verlange nichts im Gegenzug. Weder erwarte ich, dass der andere mich glücklich macht, noch mache ich ihn (oder sie) dafür verantwortlich, wenn ich nicht glücklich bin. Ich liebe, um zu lieben, mehr nicht.

Diese Erfahrung allein wird mich und meinen Blick auf das Leben grundlegend verändern. Die meisten Menschen erfahren diese Art von bedingungsloser Liebe, wenn sie eigene Kinder haben - sie lieben, ohne im Austausch dafür etwas zu erwarten.

Doch eigentlich sollten wir diese Art von Liebe auch in unsere partnerschaftliche Liebe bringen. Der Philosoph Erich Fromm hat sich damit in seinem Standardwerk »Die Kunst des Liebens«[1] ausgiebig beschäftigt und ich kann es nur jedem empfehlen, der etwas über die reife und erfüllende Liebe erfahren möchte.

Liebe ist kein Ersatz für all die Dinge, auf die wir in unserem alltäglichen Erwachsenenleben verzichten müssen. Genau dafür benutzen viele Menschen sie.

Der Partner oder die Partnerin muss herhalten für all die Momente, in denen zum Beispiel mein Chef mir Dinge sagt, die mir nicht gefallen, in denen ich mich unterordnen muss oder die ich einfach hinnehmen muss.

Wir erwarten von unserem Partner, dass er unsere Bedürfnisse befriedigt, jederzeit für uns da ist, keine Ansprüche an uns stellt und uns rund um die Uhr mit Liebe umsorgt.

Tatsächlich ist das eine eher unreife Art der Liebe, die eher in den Bereich unserer Kindheit gehört. Diese Art von Liebe erfahren die meisten von uns, wenn es gut läuft, von unserer Mutter beziehungsweise unseren Eltern.

Wenn es um unseren Partner geht, sollten Aspekte der Freiheitlichkeit an erster Stelle stehen. Wir sind zusammen, weil wir uns aus freien Stücken dazu entschieden haben und weil sich das Leben gemeinsam einfach besser anfühlt.

Es ist diese Freiheit in der Entscheidung füreinander, die in den alltäglichen Beziehungen allzu schnell verloren geht. Wir machen den anderen verantwortlich – für alles, was in unserem Leben schiefgeht, für die schlechte Laune, die wir am Morgen haben, ebenso wie für den Misserfolg, den wir möglicherweise im Beruf erleben.

Genau damit beginnen die Probleme und die Liebe, dieser flatterhafte Gast in unserem Leben, verliert ihren Zauber.

Wenn es wehtut, ist es keine Liebe

Manchmal gehen die Gründe, weshalb wir an einer Beziehung festhalten oder uns eine Beziehung wünschen, auch viel tiefer. Wir agieren Muster aus, die wir in unserer Kindheit oder auch später erlernt haben und verdecken damit tief sitzende Verletzungen. Das Gefühl, nicht gut genug zu sein, oder nicht genügend Urvertrauen erfahren zu haben, ist dabei von besonderer Relevanz.

Man muss kein Psychologe sein, um zu erkennen, dass von diesem Standpunkt aus eine erfüllende und reife Liebe gar nicht möglich ist. Ich begegne dem anderen mit einem Mangel, von dem ich mir wünsche, dass er oder sie ihn ausgleicht.

Das kann nur schiefgehen.

Bevor wir uns also auf die Suche nach einem Partner begeben, ist jeder von uns aufgefordert, die inneren Wunden in uns selbst zu heilen, damit sie eine mögliche Beziehung nicht vergiften.

Niemand, auch nicht der aufmerksamste Partner, kann wieder gut machen, was wir in unserer Kindheit erfahren oder erlitten haben.

Deshalb ist es so wichtig, dass wir als Erwachsene die Wunden unserer Kindheit heilen, bevor wir auf einen anderen Menschen prallen und ihn möglicherweise, ohne es zu wollen, damit belasten und überfordern. Solche Wunden aus der Kindheit sind eine schwere Hypothek für jede Beziehung und meist kann auch die größte Liebe nichts gegen sie ausrichten. Ihr Ursprung liegt in uns, nicht in der Partnerschaft, die wir leben.

Es kann allerdings auch vorkommen, dass wir in schmerzhaften Beziehungen verharren, weil wir als Kinder gelernt haben, dass Partnerschaften so zu sein haben. Haben wir als Kinder zum Beispiel viele demütigende Streits zwischen unseren Eltern erfahren oder sogar Gewalt, dann glauben wir, dass sich Liebe so anfühlen muss. Aber, wie die Überschrift dieses Absatzes schon andeutet: Wenn es wehtut, dann ist es keine Liebe.

Vielmehr sind es sogenannte Trauma-Bänder, die uns an den anderen binden. Wir befinden uns in einem mehr als schädlichen Karussell von Verletzung und Versöhnung, das wir mit echter Liebe verwechseln, doch damit in Wirklichkeit gar nichts zu tun hat.

Meistens sind sich beide gar nicht des toxischen Schauspiels bewusst, dass sie wie in einem Tanz aufführen. Jeder agiert das aus, was er oder sie als

Kind von den Eltern erfahren hat, und der andere reagiert darauf. Merkwürdigerweise finden sich solche Paare mit untrüglicher Sicherheit, so dass die jeweiligen Traumata sich perfekt ergänzen.

Wer als Mann unter einer dominanten Mutter litt, für die er sich zugleich ständig verantwortlich fühlte, wird sich unbewusst genau so eine Partnerin suchen, während sie sich das Ebenbild ihres ständig unerreichbaren Vaters auswählen wird, um dessen Anerkennung und Liebe sie fortan kämpft. Mit wahrer Liebe haben diese Mechanismen nichts zu tun, auch wenn die Gefühle, die sie hervorrufen, so heftig sein können, dass man sie durchaus damit verwechseln kann.

Deshalb ist so wichtig, diese Trauma-Bänder zu durchtrennen, die inneren Wunden zu heilen und wahrhaft unbefangen aufeinander zuzugehen.

Die Gründe für solche toxischen Beziehungen sind vielfältig. Wir alle streben nach dem, was uns vertraut ist, auch wenn es mit Schmerz und Verletzungen verbunden ist. Solange wir unsere inneren Wunden nicht aufgearbeitet haben, sorgt unser Unterbewusstsein dafür, dass wir im Leben immer wieder das inszenieren, was wir bereits kennen.

Wir berauben uns selbst der Möglichkeit, wahre Liebe zu erfahren, weil sie in unserem Erfahrungsfeld bisher nicht vorgekommen ist

Von Empathen und Narzissten

Eine besondere Art der toxischen Beziehung, die in der letzten Zeit immer mehr in den Fokus der Aufmerksamkeit geraten ist, ist die Beziehung zwischen Empathen und Narzissten.

In meinem Berufsleben bin ich beiden schon begegnet und weiß, dass sich beide, unabhängig von ihrer inneren Struktur, nach der Erfahrung der wahren Liebe sehnen.

Beiden gleich ist eine ursprüngliche Erfahrung, dem Verlust von Liebe in der Kindheit, dem Erleben des Verlassenwerdens von einem Elternteil.

Doch während der Empath mit einem »Mehr« an Gefühl darauf reagiert, verschließt sich der Narzisst der Welt und kreist fortan nur noch um sich selbst. Dennoch sehnt sich der Narzisst nach wahren Gefühlen. Trifft er auf einen Empathen, dann erleben beide oft das intensive Gefühl, dass der jeweils andere die eigene Wunde spiegelt und damit »wortlos« versteht.

Im Alltag zeigen sich allerdings bald große Probleme: Während der Empath gibt und gibt, kann der Narzisst nur nehmen. Er manipuliert den Empathen, um sich seiner inneren Wunde nicht zu stellen. Für den Empathen ist das eine sehr schmerzhafte Erfahrung, während derer er sich selbst unablässig in Frage stellt und darum kreist, wie er den Narzissten noch besser und noch mehr lieben kann.

Die traurige Wahrheit ist: Solange der Narzisst nicht bereit ist, in seinem Inneren gründlich aufzuräumen und sich seiner ursprünglichen Verletzung zu nähern, ist er zu keiner tragfähigen und echten Beziehung in der Lage.

Gleiches gilt für den Empathen: Die Fähigkeit, sich in die Gefühle und das Leiden eines anderen Menschen hineinzuversetzen, bringt es mit sich, dass es schwer ist, die eigenen Grenzen zu verteidigen und zu beschützen.

Der Wunsch, mit einem anderen Menschen zu verschmelzen und wahrhaft eins zu sein, ist riesig, doch die Aufgabe, die wir in diesem Leben haben, ist eben nicht nur zu lieben, sondern auch uns selbst zu lieben und uns in dieser Selbstliebe selbst zu erfahren. Beide sind aufgerufen, die Wunde der

Kindheit zu heilen, bevor sie sich in eine Beziehung stürzen. Das ist umso schwieriger, als dass der toxische Tanz einer Beziehung eine wunderbare Ablenkung von eben dieser Wunde ist. Das zu durchschauen, kann sehr schwer sein und mit vielen Verletzungen verbunden.

Einige beschreiben das Konzept von Empathen und Narzissten auch mit der sogenannten Zwillingsseele.

Ich möchte nicht darüber urteilen, in wieweit das wahr ist oder nicht und letztlich ist es jedem selbst überlassen, wie er die Dinge, die sich in seinem Leben abspielen, deutet, doch ich lade aufrichtig dazu ein, sich von diesen Konzepten nicht den Blick auf das verstellen zu lassen, was wichtig ist. Wenn mir eine Beziehung nicht guttut, wenn sie mich dazu bringt, nicht mehr ich selbst zu sein und mich ständig für den anderen aufzuopfern, dann ist es keine Liebe.

Gleiches gilt, wenn ich den anderen ständig dazu benutze, das Loch, das ich in meinem Inneren trage, zu stopfen, wenn ich ihn aufgrund seiner Gefühle für mich manipuliere und belüge.

Die Wahrheit ist: Mit jeder Lüge, die ich meinem Partner erzähle, bewege ich mich auch ein Stück weit von mir selbst weg, bis ich schließlich in einem Labyrinth gefangen bin, aus dem es nur schwer ein Entkommen gibt.

Gelebte Werte

Nie zuvor war die gelebte Vielfalt von Beziehungen so groß wie heute.

Es gibt On/Off-Beziehungen, polyamore Beziehungen, Beziehungen, in denen man sich bewusst dafür entscheidet, nicht zusammen zu leben und alles Mögliche dazwischen. Das kann es schwer machen, einen Blick für die Werte zu bekommen, die eine Beziehung schön und erfüllend machen.

Deshalb lohnt es sich, diese Werte einer genaueren Betrachtung zu unterziehen und zunächst einmal für sich zu überprüfen, ob das Werte sind, die man sich in der eigenen Beziehung wünscht.

Als zweiten Schritt kann man dann betrachten, ob der jeweilige Partner diese Werte ebenfalls teilt. Ohne geteilte Werte wird es schwierig sein, eine Beziehung aufrecht zu erhalten, ohne, dass einer von beiden ständig verletzt wird. Selbstverständlich lässt sich die Reihe dieser Werte beliebig fortsetzen, doch ich konzentriere mich hier bewusst auf die 5 wichtigsten, die sich auch in meiner täglichen Arbeit immer wieder als jene mit der größten Relevanz herausstellen.

1. Treue

Dieser Wert ist heute ein wenig aus der Mode gekommen. Immer wieder begegne ich Paaren, die erklären, dass sie jetzt eine »offene Beziehung« pflegen und damit experimentieren, wie es ist, sich auch mit anderen Menschen zu treffen, Sex mit diesen zu haben oder auch Gefühle zu entwickeln.

Meine Erfahrung zeigt: Auch wenn es der explizite Wunsch beider Seiten ist, den Wert der Treue aufzukündigen, so geht das nie ohne Eifersucht und Verletzungen vonstatten.

Letztlich sind wir alle für uns selbst verantwortlich und können in einer Beziehung gemeinsam alles entscheiden, was wir möchten, doch ich plädiere sehr dafür, den Wert der Treue aktiv zu leben und auch hochzuhalten.

Es liegt ein besonderer Zauber darin, wenn ich mich auf die Exklusivität meines Partners verlassen kann, auch noch nach vielen Jahren. Das hebt nicht nur die Intensität der gemeinsamen Intimität, sondern auch das wechselseitige Vertrauen – und ohne dieses Vertrauen geht es eben nicht. Es ist ein Ergebnis aus Treue und aus Punkt 2 – der Aufrichtigkeit.

2. Aufrichtigkeit

Ganz klar: Niemand von uns ist immer 100 Prozent ehrlich. Wir alle neigen zu kleinen und auch großen Lügen. Aber: Jede Lüge ist eine schwere Hypothek für eine Beziehung. Ohne Vertrauen hat die Liebe keine Chance und jede Lüge, ob sie nun auffliegt, oder nicht, verringert das Feld des Vertrauens zwischen mir und meinem Partner.

Deshalb ist Aufrichtigkeit ein wichtiger Wert in einer Beziehung. Manche gehen davon aus, dass er sozusagen selbstverständlich sein sollte, doch es ist durchaus ratsam, gemeinsam über diesen Wert zu sprechen. Wie definierst du Aufrichtigkeit? Sind kleine Notlügen ok oder ist sie unabdingbar? Wie sehr verletzt es mich, wenn mein Partner mich belügt? Kann ich es ihm nachsehen, weil ich seine

Gründe verstehe, oder beginne ich damit nicht, mich selbst zu belügen?

Vermutlich gibt es da draußen keine Beziehung, die vollkommen ohne Lügen auskommt, doch eine Beziehung, die vorrangig auf Lügen basiert, der wird über kurz oder lang die Puste ausgehen, ganz gleich, wie großartig und überschäumend die Gefühle am Anfang auch gewesen sein mögen.

3. Loyalität

Auch dieser Wert ist keineswegs selbstverständlich. Loyalität bedeutet, immer und bedingungslos zueinanderzustehen und zu halten. Was auf den ersten Blick ganz unkompliziert klingt, wird schon schwieriger, wenn sich Verwandte oder Freunde in die Beziehung einmischen, den Partner attackieren oder nicht vollständig akzeptieren. Dann ist Loyalität gefragt.

Nicht alle Paare sind sich über das Ausmaß der wechselseitig erwarteten Loyalität im Klaren und teilen diesen Wert gleichermaßen. Das hat zum einen etwas mit der Erziehung und den bisherigen Loyalitätserfahrungen zu tun, zum anderen mit der eigenen Konfliktfähigkeit. Wie sehr bin ich bereit, für meinen Partner in die Bresche zu springen?

Kann ich laut und für alle hörbar klarstellen, dass wir zueinander gehören, oder ist es vielmehr so, dass ich mich lieber im Hintergrund halte, weil ich auch für meine eigenen Anliegen eher nicht so gut einstehen kann? Dann ist es gut, wenn ich das meinem Partner sage, damit er aus meinem Verhalten keine Zurückweisung oder Verletzung für sich ableitet. Es ist immer gut, offen über unterschiedliche Ansichten zu einem Beziehungswert zu sprechen, statt schmerzlich herauszufinden, dass man diesen Wert nicht oder auf unterschiedliche Weise teilt.

4. Gelebte Zweisamkeit

Gelebte Zweisamkeit – was bedeutet das?

Nun, in erster Linie heißt es: Zeit zusammen zu verbringen. Was sich auf den ersten Blick wie eine Selbstverständlichkeit liest, ist es keineswegs. Immer wieder erlebe ich Paare, die sich keine Zeit mehr füreinander nehmen, sondern nur noch nebeneinander her leben. Auf diese Weise kann sich keine Beziehung entwickeln und auch die

Gefühle füreinander können sich nicht vertiefen. Lieben heißt Zeit zu finden und füreinander da zu sein – aktiv und immer wieder. Je bewusster wir Zweisamkeit leben und gestalten, umso mehr profitiert unsere Partnerschaft davon. Das kann eine gemeinsame Date-Night pro Woche sein oder nur das berühmte Gespräch auf dem Kopfkissen vor dem Einschlafen.

Auch Rituale und kleine Geheimnisse gehören dazu, die jede Beziehung prägen. Ganz klar: Keine Beziehung gestaltet sich von selbst, sondern sie will gestaltet werden und die Verantwortung dafür sollte nie nur bei einem Partner liegen. Das beginnt bei so simplen Fragen wie der Verhütung und endet bei der Frage, wer für die gemeinsame Freizeitgestaltung zuständig ist.

Oder auch, wer nach einem Streit zuerst den Weg der Versöhnung sucht.

5. Gemeinsame Vision der Zukunft

Ohne sie geht es nicht: Wer als Paar nicht mehr gemeinsam in die Zukunft blicken kann, der hat auch keine Zukunft. Gemeinsame Pläne, ob nun ein Urlaub, der Hausbau oder eine Hochzeit, halten eine Beziehung lebendig. Meistens ist das Ende einer Beziehung absehbar, wenn es keine gemeinsame Vision der Zukunft mehr gibt, sondern man nur noch im Hier und Jetzt lebt.

Dieses Hier und Jetzt mag durch Gewohnheiten und unausgesprochene Absprachen auch in Ordnung sein, doch es kann sich nicht mehr entwickeln und entfalten, hat keine Möglichkeiten mehr in der Zukunft.

Diesen Zustand finden wir oft in Beziehungen, bei denen das gegenseitige Vertrauen einen nachhaltigen Schaden genommen hat. Man hat sich zwar entschieden, zusammen zu bleiben, doch man wagt nicht mehr, gemeinsam zu träumen und nach vorne zu schauen. Doch genau davon lebt eine Liebe – wer nicht mehr gemeinsam träumt, der hat keine Zukunft. Deshalb: Halten Sie die gemeinsame Vision lebendig, möglichst sogar visuell mit Fotos, Symbolen und Gesprächen.

Mehr als nur ein Lückenbüßer

Auch diese Art von Beziehungen gibt es – und zwar viel häufiger, als man annimmt. Da gibt es zwei, die wollen nicht alleine sein, also tun sie sich zusammen. Mit aufrichtiger Liebe oder Interesse füreinander hat das wenig zu tun, dafür viel mit der Angst vor dem Alleinsein. Der jeweils andere ist ein Lückenbüßer.

Das Tragische daran: Meistens gibt es einen, der durchaus aufrichtige und ehrliche Gefühle für den anderen hat und gar nicht weiß, dass er oder sie nur ein Lückenbüßer ist.

Tatsächlich macht diese Art von Beziehung niemand glücklich, weder den Lückenbüßer, der ständig darauf hofft, dass der andere doch noch seine tiefen und wahren Gefühle entdeckt, noch der andere, der den Lückenbüßer stets unbewusst auf Abstand halten muss und ihm zum Beispiel den Wert einer gemeinsamen Zukunftsvision oder echter Loyalität vorenthalten muss. Letztlich betrügen sich beide.

Sowohl der Lückenbüßer als auch der andere verhindern so, dass Menschen in ihr Leben treten, die das Potenzial zu einer echten Beziehung haben. Und: Nur wer auch gut mit sich allein sein kann, ist wirklich bereit für eine Beziehung. Darauf gehe ich im 3. Kapitel unter der Überschrift »Selbstliebe« noch einmal konkret ein.

Der andere sollte niemals eine Art Pflaster dafür sein, dass ich es nicht ertrage, allein zu sein, oder nicht als Single auftreten möchte. Es stimmt: Singles werden in unserer Gesellschaft schnell als etwas Defizitäres betrachtet, als ein unvollständiger Zustand, der schnellstmöglich überwunden werden soll.

Die Wahrheit ist: Single zu sein ist ebenso wichtig wie eine Beziehung zu lieben. Wie soll ich mich selbst besser kennen lernen, wenn ich nie mit mir alleine bin? Und wie soll ich den Wert einer echten Beziehung schätzen lernen, wenn ich ständig von einer unerfüllten Beziehung in die nächste übergehe, nur weil ich solche Angst vor dem Alleinsein habe? Der Weg in das Unglück ist so schon vorprogrammiert.

Eine Beziehung kann nie beliebig sein, sie entsteht durch mein Verhältnis, das ich zu dem ganz besonderen Gegenüber habe. Eine Beziehung nur um der Beziehung willen ist zum Scheitern verurteilt, selbst wenn beide sich stillschweigend darauf einigen, das nicht anzusprechen, weil die Beziehung ein spezifisches Bedürfnis deckt oder eine Lücke füllt.

Raus aus der Friend-Zone

Auch dieses Problem kennen viele. Auch wenn man potenzielle Partner oder Partnerinnen kennenlernt, landet man unwillkürlich in der gefürchteten »Friend-Zone« – der »Freundeszone«. Statt als möglicher Partner wahrgenommen zu werden, dient man bald nur noch als Seelentröster.

Zwar werden alle Geheimnisse geteilt und man ist ein intimer Vertrauter – doch zu Intimitäten oder gar einer Beziehung kommt es nicht. Besonders Männer können von dieser Erfahrung ein Liedchen singen.

Dass sie sich mitten in der Friend-Zone befinden, bemerken sie an Sätzen wie »Du bist einfach so lieb« oder »Dir kann ich ganz und gar vertrauen« – das sind zwar alles Komplimente, von einer aufregenden Nähe oder Annäherung aber künden sie nicht.

Wie vermeidet man es, in der Friend-Zone zu landen? Ganz klar, indem man geheimnisvoll bleibt und auch ein Stück weit unnahbar. Wer der anderen immer nur zuhört, Verständnis für alles und jeden hat, der wird eben bald als jemand einsortiert, bei dem man sich wunderbar ausweinen kann, aber

71

niemand, für den man sich schick macht oder den man verführen möchte.

Also, wenn Sie die Erfahrung machen, immer wieder in der Friend-Zone zu landen, dann ist es an der Zeit, dass Sie etwas an Ihrem Verhalten ändern.

Es ehrt Sie, dass Sie voller Liebe und Aufmerksamkeit für eine potenzielle Partnerin da sein möchten, doch das sind Werte, die tatsächlich erst in eine gelebte Beziehung gehören. Vorher dreht sich alles um den ewigen Tanz von Anziehung und Verführung und da haben bedingungsloses Vertrauen und Seelenstriptease nur bedingt etwas verloren.

Bleiben Sie auf Abstand, seien Sie nicht ständig verfügbar, geben Sie sich geheimnisvoll und sorgen Sie dafür, dass Sie aus der Perspektive Ihrer Angebeteten interessant bleiben. Dazu gehört auch, nicht immer erreichbar zu sein, nicht jeden Aspekt im Erleben der jeweils anderen ausführlich zu diskutieren und wie eine beste Freundin zu analysieren.

So hart es klingt: Ob Sie in der Friend-Zone landen, darüber entscheidet Ihr eigenes Verhalten. Sie sind es wert, geliebt und begehrt zu werden und müssen dafür nicht auf jedes Bedürfnis ihres

Gegenübers eingehen. Frauen sagen zwar immer, dass sie auf Männer stehen, die auch Gefühle zeigen und mit ihnen umgehen – und das stimmt! Doch gleichzeitig wünschen sie sich auch eine gewisse Unnahbarkeit, die sie mit Stärke und Geheimnis verbinden.

Betrachten Sie sich die erfolgreichen Kinofilme von »Twilight« bis »Fifty Shades of Grey« – die Protagonisten sind stets von einem gewissen Geheimnis umgeben und zeichnen sich nicht dadurch aus, dass sie für ihre Angebeteten zu jeder Zeit als starke Schulter zur Verfügung stehen.

Im Gegenteil: Sie versprechen Abenteuer und Aufregung und dann natürlich auch die starke Schulter. Doch eben erst die anderen beiden Dinge. Schenken Sie Ihrer Angebeteten genau das – dann landen Sie auch ganz sicher nicht mehr in der Friend-Zone.

Wie erkenne ich, ob mein Partner mich wirklich liebt?

Das ist in der Tat eine der schwierigsten Fragen, die es überhaupt gibt. Woher weiß ich, ob mein Partner mich wirklich liebt?

Die kurze Antwort lautet: Ihr Herz wird es Ihnen verraten. Sie werden es spüren, wenn Sie in die Augen Ihres Gegenübers blicken und in ihnen das gleiche Feuer brennt, das Sie auch in Ihrem Herzen spüren.

Leider sind die Dinge des Herzens selten so einfach, dass sie sich mit einer so kurzen Antwort zufriedengeben.

Die Körpersprache lügt nie

Mit Worten können wir einander verwirren und uns die großartigsten Gefühle vorspielen, der Körper aber lügt nie. Deshalb ist es hilfreich, sich die Körpersprache des Wunschpartners anzuschauen.

Echte Gefühle sorgen dafür, dass sich etwa die Pupillen weiten, wenn man sich ansieht. Das Lächeln erreicht nicht nur die Mundwinkel, sondern auch die Augen, es ist ein echtes, ansteckendes Lächeln, das den anderen in seiner Ganzheit sichtbar macht.

So seltsam es klingt, auch das Vermeiden von Augenkontakt kann ein Zeichen für tiefe Gefühle sein, vor allem, wenn sie noch nicht ausgesprochen wurden, ebenso wie das Lippenlecken oder ein tiefes Durchatmen. Lehnt er oder sie sich nach vorne, wenn Sie sprechen, um Sie besser hören zu können? Passt er oder sie seine Körpersprache an Ihre an, so dass Sie sich beinahe synchron bewegen? Gibt es beiläufige Berührungen, am Arm, an der Hüfte? Ist die Körperhaltung eher verschlossen, oder zeigt sie Offenheit an? Wendet sich das Gegenüber Ihnen zu, wenn Sie sprechen, oder blickt er an Ihnen vorbei? Starrt er womöglich ständig lieber auf sein Handy, statt sich mit Ihnen zu unterhalten? Das sind sehr eindeutige Zeichen, ob das Gegenüber wirklich ein Interesse daran hat, mit Ihnen und nur mit Ihnen Zeit zu verbringen oder ob Sie vielleicht doch nur eine willkommene Ablenkung oder ein Lückenbüßer sind.

Taten zählen mehr als Worte

Jeder von uns ist in der Lage, vollmundige Liebesbekundungen zu machen, ohne sie so zu meinen. Worauf es ankommt, sind tatsächlich die Handlungen.

Es gibt weitere Anzeichen: Nimmt er oder sie sich Zeit für Sie, ganz von selbst? Wird auf Ihre Bedürfnisse eingegangen? Meldet er/sie sich von sich aus, einfach so, um von Ihnen zu hören? Interessiert sie sich für die Dinge, die in Ihrem Leben geschehen? Hört man Ihnen zu oder haben Sie das Gefühl, ständig gegen eine Wand zu reden? Merkt sich Ihr Gegenüber die Dinge, die für Sie wichtig sind, von der Tabaksorte, die Sie gerne rauchen bis zu Ihrem Lieblingskaffee? Erfahren Sie Unterstützung im Alltag? Geht Ihr Gegenüber Kompromisse für Sie ein oder sind es immer nur Sie, die diese schließt? Gibt es einen gegenseitigen Beschützerinstinkt? Zählt Ihre Meinung und malen Sie sich gemeinsam eine Zukunft aus, so wie ich es unter den Beziehungswerten beschrieben habe? Gibt es liebevolle Berührungen und Überraschungen?

Selbstverständlich kann man all diese Dinge auch nur vortäuschen, doch in ihrer Summe finden sie sich nur dann in einer Beziehung, bei der es auch um echte Gefühle geht.

Sich diese Fragen zu stellen, wenn es wehtut, doch gleichzeitig kann es uns auch davor beschützen, in einer Beziehung festzuhängen, die mit echter Liebe nichts zu tun hat.

Das gilt auch für die berühmte Warteposition. Irgendwie hat man sich kennengelernt und es müsste jetzt weitergehen, doch der andere hält uns ständig auf Abstand. Wir haben das Gefühl, auf die Wartebank verschoben worden zu sein. Das moderne Dating-Vokabular hat dafür sogar einen Begriff – das sogenannte »Benching« von »Bench« – Wartebank auf Englisch. Niemand hat es verdient, dort zu landen. Richtig ist es, von Anfang an sehr klar über die Gefühle – auch die möglichen - zu kommunizieren und so dem anderen die Wahl zu lassen, ob er an dem Verhältnis festhalten möchte oder nicht.

Achten Sie auf Ihr Herz – Sie haben nur eines!

Tatsächlich ist das in meinen Augen der wichtigste Rat. Wir alle haben nur ein Herz und nur ein Leben. Keiner von uns hat es verdient, auf der Wartebank eines anderen zu landen oder nur der Lückenfüller zu sein. Jeder von uns hat es verdient, um seiner selbst willen geliebt zu werden, und zwar aus ganzem Herzen.

Es kann sehr schmerzhaft sein, zu erkennen, dass die Person, die wir aus ganzem Herzen lieben, diese Liebe nicht erwidert, doch es ist eine Frage der Selbstachtung, an einer solchen Beziehung nicht festzuhalten, sondern im Gegenteil, an der Liebe zu sich selbst zu arbeiten und diesen Punkt zu überwinden. Wie das funktioniert, darum geht es im folgenden Kapitel.

Endnoten:

[1] Erich Fromm (2005): Die Kunst des Liebens. Ullstein Verlag.

3. Lieben Sie sich – sonst liebt Sie keiner!

Selbstliebe ist im Moment ein großer Trend. Auf allen möglichen Kanälen begegnet uns die Aufforderung, uns selbst zu lieben. Vor einiger Zeit sagte mir eine Frau, dass sie gar nicht wisse, was damit gemeint sei.

»Wie soll ich mich denn selbst lieben?«, fragte sie mich und aus ihren Augen sprach eben jene Verlorenheit, die ich bei vielen Menschen wahrnehme, die sich mit der Frage der Selbstliebe beschäftigen. Deshalb geht in diesem Kapitel um nichts anderes als die Liebe zu sich selbst. Sie ist nicht nur die Voraussetzung dafür, dass wir eine erfüllende Liebesbeziehung finden, sie ist die Bedingung dafür, dass wir überhaupt ein erfolgreiches und glückliches Erwachsenenleben führen können.

Betrachten Sie die folgenden Schritte als eine »How-to«-Anleitung in Sachen Selbstliebe. Wenn Sie sie Schritt für Schritt befolgen, dann werden sie sich selbst und der Liebe zu sich selbst ein großes Stück näher kommen.

Achtung: Der Weg zur Liebe zu sich selbst ist durchaus steinig. Er bringt uns auch mit unseren sogenannten Schattenaspekten in Kontakt, jenen Teilen von uns selbst, die wir am liebsten leugnen würden. Doch je bewusster wir auch mit diesen Anteilen umgehen, umso weniger haben sie die Chance, uns fremdzusteuern – ob im Alltag oder in einer Beziehung.

Wissen Sie, wer Sie sind?

Auf den ersten Blick eine merkwürdige Frage, aber eben nur auf den ersten Blick. Denn tatsächlich kennen wir uns selbst häufig gar nicht so gut, wie wir denken.

Das hat viele Ursachen. Zum einen widmen wir dem Kennenlernen von uns selbst nur selten Zeit, da wir es als unnötig erachten, schließlich erleben wir uns selbst ja jeden Tag. Genau dieses Kennenlernen aber ist die Voraussetzung, um mich selbst wirklich zu verstehen.

Zum anderen übernehmen wir oft unreflektiert die Zuschreibungen, die wir von anderen, beispielsweise unseren Eltern, bekommen. Das kann dazu führen, dass wir ein verzerrtes oder zumindest ungenaues Bild von uns selbst haben.

Sich selbst zu kennen, heißt, die eigenen Bedürfnisse, Sehnsüchte, Empfindlichkeiten und Träume zu kennen und entsprechend zu handeln. Dabei helfen kann eine radikal ehrliche Innenschau und konstante Selbstbeobachtung.

Was sind meine Stärken? An welchen Baustellen kann ich noch arbeiten? Wer wäre ich gerne und wer bin ich heute? Was sind die Facetten, die ich nach außen zeige, und was bleibt anderen verborgen? Gibt es Aspekte meiner Persönlichkeit, die ich lieber verdränge? Gerade mit diesen sollte ich mich auf jeden Fall beschäftigen, um beziehungsfähig zu sein. Andernfalls bergen sie die Gefahr, Konflikte und Dramen heraufzubeschwören.

Beispielsweise projiziere ich meine verdrängten Anteile auf meinen Partner und überfordere ihn damit oder entwickele eine emotionale Bedürftigkeit, die zu einer schweren Hypothek in einer Partnerschaft werden kann.

Selbstbeobachtung heißt, das eigene Handeln in Alltagssituationen, aber auch unter besonderen Umständen zu analysieren und zu reflektieren. Warum verhalte ich mich so? Fühlt sich dieses Verhalten richtig und authentisch an? Oder habe ich manchmal das Gefühl, regelrecht fremdgesteuert zu sein und mich von außen zu beobachten? Dann ist das ein Hinweis auf alte Verletzungen, die möglicherweise Heilung brauchen. Diese alten Verletzungen schleppen wir mit uns herum und wann immer uns ein Mensch nahekommt, treten sie wieder zum Vorschein.

Das äußert sich beispielsweise in dem Umstand, große Ängste vor dem Verlassensein zu haben und sehr zu klammern, oder aber in dem ständigen Gefühl, sich behaupten und durchsetzen zu müssen. Eine Beziehung kann das vor unüberwindbare Hürden stellen, so dass am Ende nur die Trennung bleibt. Aus diesem Grund ist es so wichtig, alte Verletzungen zu heilen.

Aber auch Verhaltensweisen und Angewohnheiten, die wir uns irgendwo auf unserem Lebensweg angewöhnt haben, sollten immer wieder einer kritischen Betrachtung unterzogen werden. Warum tue ich das? Erfüllt es noch einen Sinn für mich? Oder wiederhole ich etwas, das ich längst nicht mehr brauche? Dann kann es gut sein, diese Angewohnheiten abzulegen, denn auch sie können das Zusammensein mit einem anderen Menschen erschweren.

Jeder von uns hat einen bestimmten *Modus operandi*, mit dem er, meistens unbewusst, durch den Alltag navigiert. Ständig über alles, was man tut, nachzudenken, ist anstrengend. Doch sich jeden Abend Zeit zu nehmen, kurz zu reflektieren, was am vergangenen Tag gut war und was nicht und wo die Ursachen dafür sind. Was kann ich morgen besser machen?

Es geht dabei nicht um eine radikale Veränderung, sondern mehr um das sanfte Anpassen einiger Stellschrauben, die in ihrer Summe aber dafür sorgen, dass wir uns besser fühlen und unser Leben mehr genießen.

Genau das ist es nämlich, das uns für andere Menschen attraktiv und anziehend macht.

Lebensfreude ist das schönste Make-Up

Unsere Charaktereigenschaften entscheiden darüber, wie attraktiv wir auf andere wirken.

Eine Studie der Monmouth University von 2009[1] fand heraus, dass Menschen andere Menschen als attraktiver bewerten und sich sogar eher eine Beziehung vorstellen können, wenn diese als freundlich oder hilfsbereit beschrieben werden oder ihnen generell eine positive Ausstrahlung zugeschrieben wird.

Je mehr ich also in mir selbst ruhe und zufrieden und glücklich mit meinem Leben bin, umso anziehender wirke ich auf andere Menschen. Glücklichsein, ein fröhliches Auftreten und eine freundliche Haltung anderen gegenüber ist sexy und wirkt in der Tat besser als jedes Make-Up.

Allerdings kann man diese Eigenschaften nicht einfach auflegen. Sie entstehen, wenn wir mit uns selbst und unserem Leben im Reinen sind, und das erfordert manchmal ein wenig Arbeit.

Wir alle haben gute und schlechte Angewohnheiten, die zu unseren Charaktereigenschaften und schließlich zu einem Teil unserer Persönlichkeit werden. Doch wir haben jederzeit die Möglichkeit, uns zu verändern und weiterzuentwickeln und das loszulassen, was wir nicht mehr brauchen oder uns nichts mehr nützt.

Habe ich zum Beispiel lange in einer sehr konfliktbehafteten Beziehung gelebt, dann reagiere ich möglicherweise in der Folge häufig empfindlich und bin schnell verletzt oder ärgerlich. Das kann mein Gegenüber schnell vor den Kopf stoßen. Wieder hilft da die Innenschau: Brauche ich diese

Verhaltensweisen noch oder kann ich sie ablegen, indem ich sie mir immer wieder bewusst mache und mir vornehme, sie zu verändern? Diese Veränderung geschieht nicht von jetzt auf gleich, sondern erfordert ein wenig Geduld, doch wenn sie vollbracht ist, werde ich mich freier und besser fühlen und das auch ausstrahlen.

Möglicherweise stecke ich gerade in einer Lebenssituation, die mich nicht glücklich macht. Mein Job ist nicht das, was ich mir vorgestellt habe, meine Wohnung oder die Stadt, in der ich lebe, gefallen mir nicht oder ich bin mit meinem Äußeren unzufrieden. Auch wenn wir versuchen, diese Unzufriedenheit zu überspielen, ist sie für einen anderen auf den ersten Blick erkennbar.

Bevor ich mich auf Partnersuche begebe und meine ganzen Probleme als Ballast mit mir herumschleppe, ist es sinnvoll, im eigenen Leben aufzuräumen und die Dinge zu verändern, die mich unglücklich machen. Die Hoffnung, dass mein/meine neue Partner:in womöglich alles richten und verbessern wird, muss zwangsläufig in einer Enttäuschung enden.

Nur ich selbst bin für mein Leben und mein Glück verantwortlich und diese Verantwortung kann und darf ich keinem anderen aufbürden.

Ehrlichkeit mit sich selbst ist der erste Schritt

Es ist menschlich, sich selbst nur im besten Licht sehen zu wollen. Wer gibt schon zu, dass er Fehler hat oder Eigenschaften, die nicht unbedingt liebenswert sind? Selbstliebe braucht Ehrlichkeit mit sich selbst, auch wenn diese die Beschäftigung mit unangenehmen Aspekten und Erinnerungen bedeutet.

Doch solange ich diese Teile verdränge, kann ich sie nicht integrieren und riskiere, dass sie mich aus meinem Unterbewusstsein fernsteuern. Denn nur, weil ich bestimmte Wahrheiten über mich selbst verdränge und nicht wahrhaben möchte, verschwinden diese nicht, sondern bleiben im Unterbewusstsein, wo sie sich meiner Kontrolle und der Chance zur Veränderung entziehen.

Ehrlichkeit mit sich selbst bedeutet, anzuerkennen, worin ich gut bin und welche Eigenschaften ich an mir selbst schätze. Bin ich großzügig, zielstrebig, hilfsbereit, gesellig, loyal, aufmerksam oder diszipliniert? Dann darf ich mir selbst sagen, dass ich stolz auf mich bin und das gut mache. Es gibt keinen Grund, das eigene Licht unter den Scheffel zu stellen oder sich selbst kleinzumachen.

Neige ich dazu, mir Dinge zu sehr zu Herzen zu nehmen? Bin ich schnell beleidigt, nachtragend, geizig, gereizt, taktlos oder manchmal sogar rücksichtslos? Sich das einzugestehen, ohne sich dafür zu verurteilen, ist der erste Schritt, um an diesen Eigenschaften etwas zu verändern. Wandel und Entwicklung sind immer möglich und alles, was es dazu braucht, ist die bewusste Entscheidung, diese Anteile von sich selbst nicht weiter mit sich zu tragen.

Es kann sehr befreiend sein, solche alten und überflüssigen Teile loszulassen und Raum für Neues zu schaffen. Sich selbst zu reflektieren, ist eine wundervolle Fähigkeit, die sich mit ein wenig Training jeder aneignen kann. Sie erhöht unsere Beziehungsfähigkeit, unsere Selbstzufriedenheit und sie macht uns attraktiver für andere Menschen.

Alte Verletzungen heilen

»Liebe ist ein Schlachtfeld«, sagt man manchmal. Es stimmt, in der Liebe können wir tiefe Verletzungen erfahren und sehr enttäuscht werden. Liebeskummer tut weh und kann uns richtig aus der Bahn werfen. Einige dieser Verletzungen heilen nicht richtig, sondern bleiben Wunden in unserem Inneren, vor allem, wenn wir uns nicht um ihre Heilung kümmern.

Forscher haben herausgefunden, dass emotionaler Schmerz im Nachhinein sogar schlimmer ist als körperlicher.[2]

Im Gehirn werden die gleichen Areale aktiv wie bei einer körperlichen Verletzung. Der Schmerz, den wir empfinden, ist also real und benötigt genauso Aufmerksamkeit und Heilung wie ein körperlicher Schmerz.

Vielleicht sind wir von einem früheren Partner sehr verletzt und enttäuscht worden. Wir haben das zwar akzeptiert und damit abgeschlossen, doch in einer neuen Beziehung werden diese alten Gefühle auf einmal wieder lebendig. Sie äußern sich in Misstrauen oder Ängsten.

Es kann auch sein, dass unsere Eltern sehr streng mit uns waren oder verletzende Dinge zu uns sagten. Beispielsweise haben sie uns nicht zugehört, uns nicht ernst genommen oder immer wieder bestimmte Aussagen über uns getroffen, die uns verletzt haben. Diese Erfahrungen tragen wir auch als Erwachsene mit uns herum und sie können uns aus dem Unterbewusstsein heraus beeinflussen und schlimmstenfalls unser Liebesglück zerstören.

Unser Partner weiß manchmal gar nichts von diesen Verletzungen und wundert sich, warum wir uns so verhalten.

Die gute Nachricht ist, dass wir auch sehr alte oder tiefe Verletzungen heilen können, wenn wir uns ihrer bewusst werden und uns dafür entscheiden, sie in die Heilung zu geben. Zunächst geht es darum, den alten Schmerz zu identifizieren und seinen Ursprung zu kennen. Fragen Sie sich: Wann habe ich diesen Schmerz zum ersten Mal gefühlt? In welchen Situationen meldet er sich? Was brauche ich dann, damit er wieder verschwindet, und wie kann ich mir selbst das schenken? Seien Sie liebevoll zu sich selbst und sagen Sie sich, dass Sie liebenswert sind. Es ist vollkommen in Ordnung, sich ein wenig Trost zu spenden und den Schmerz anzuerkennen. Es geht nicht darum, wie andere diesen Schmerz beurteilen, sondern nur, ob er für uns eine Relevanz besitzt.

Wenn Sie erkennen, wo der Schmerz herkommt, ist das der erste Schritt, um sich von ihm zu verabschieden. Je bewusster wir uns machen, dass wir gerade nicht im Moment sind, sondern eine alte Erfahrung wiederholst, umso weniger Macht haben diese Erinnerungen über uns. Stück für Stück kann es so gelingen, sich von möglichen Schatten aus der Vergangenheit zu befreien und sich bereit zu machen für eine Zukunft voller Glück, Hoffnung und erfüllender Zweisamkeit.

Glaubenssätze helfen nicht

Glaubenssätze können sehr machtvoll sein. Es handelt sich dabei um Überzeugungen von uns selbst, die wir von anderen übernommen haben, häufig von unseren Eltern oder Lehrern.

»Ich bin nicht gut genug« oder »ich bin nicht liebenswert« sind Beispiele für sehr negative Glaubenssätze, die nachhaltig beeinflussen, wie wir uns selbst sehen und was wir im Alltag erleben.

Aber auch weniger drastische Glaubenssätze können einen nachteiligen Einfluss auf unser Leben nehmen, weil wir sie für wahr halten. »Sport ist einfach nichts für mich« oder »Ordnung ist mir nicht so wichtig« oder »Mathe ist nicht mein Ding« sind solche Glaubenssätze, die wir nie bewusst reflektiert haben, aber für wahr halten und dementsprechend handeln.

Hier tut es gut, sich diese Glaubenssätze zunächst bewusst zu machen und sie anschließend kritisch zu hinterfragen. Mache dazu folgende Übung: Suchen Sie sich einen Ort, an dem Sie ungestört sind, und notieren Sie sich bis zu zehn Glaubenssätze, die Sie sich selbst schon haben laut sagen hören oder die Sie in Ihrem Inneren wiederholen.

Nehmen Sie sich anschließend Zeit, über jede dieser Aussagen nachzudenken. Stimmen sie überhaupt? Bin das wirklich ich oder handelt es sich nur um eine Zuweisung, die ich mir angeeignet habe? Und wenn sie zutrifft, liegt es dann nicht in meiner Macht, sie zu verändern? Streichen Sie jeden Glaubenssatz, der sich als unnütz oder unzutreffend erweist, durch und behalten Sie nur die, von denen Sie sich sicher sind, dass sie wirklich zutreffen und dass sie Ihnen auf Ihrem weiteren Lebensweg nützlich sind. Eine sehr befreiende Erfahrung!

Das innere Kind

In den vergangenen Jahren hat die Thematik des inneren Kindes viel Aufmerksamkeit erfahren.[3]

Dabei wird davon ausgegangen, dass jeder von uns ein inneres Kind mit sich herumträgt, das mal glücklich, mal traurig ist, je nachdem, welche Erfahrungen wir in unserer Kindheit gemacht haben. Es kommt nicht darauf an, ob die Erfahrungen in der Kindheit besonders schwerwiegend oder traumatisierend waren, vielmehr erleben wir in unserer Entwicklung alle Dinge, die uns verletzen, zum Beispiel das Gefühl, alleine gelassen zu werden oder eine frühe Trennung von den Eltern.

Gehen wir als Erwachsene eine tiefe Beziehung mit einem anderen Menschen ein, dann kann es sein, dass sich dieses Gefühl wieder meldet, und das mit aller Macht. Dann fühlen wir uns auf einmal wieder wie damals als Kind. Diese Gefühle können sehr intensiv und sogar überwältigend sein.

Wenn wir uns vorstellen, dass es in uns ein inneres Kind gibt, das eigentlich nichts mehr möchte, als glücklich und frei zu sein, dann kann uns das dabei helfen, diese Gefühle zu überwinden.

Dazu ist gar nicht viel notwendig, nur ein wenig Fantasie. Wenn diese Gefühle auftreten, können wir in unseren Gedanken das innere Kind in uns in den Arm nehmen und ihm sagen, dass es keine Angst mehr zu haben braucht. Es kann auch ausreichen, nur zu erkennen, wo diese Gefühle herrühren, um ihnen keine Macht in unserem Alltag zu geben.

Ein wichtiger Schritt in Richtung Heilung ist, anzunehmen, dass diese Verletzungen geschehen sind und sie dann loszulassen. Wir können die Vergangenheit nicht ändern, aber wir können darüber entscheiden, inwieweit sie unsere Zukunft beeinflussen darf.

Wiederholen Sie nicht, was Ihnen nicht guttut!

Auch wenn wir uns das nicht gerne eingestehen, wir Menschen sind Gewohnheitstiere und wir neigen dazu, Muster zu wiederholen, die uns vertraut sind, obwohl sie uns nicht glücklich machen.

Beziehungsmuster sind ein Beispiel dafür. Wenn wir in unserer Jugend Erfahrungen mit einem bestimmten Beziehungsmuster machen oder dieses bereits bei unseren Eltern beobachten, dann kann es sein, dass wir unbewusst immer wieder nach dieser Art von Beziehung suchen.

Mehr noch, auch wenn wir aktiv versuchen, ein neues Beziehungsmuster zu leben, stellen wir fest, dass wir von der Vergangenheit eingeholt werden und das wiederholen, was uns wehtut.

Wenn etwa ein/e Partner:in emotional eher unerreichbar ist oder sehr unzuverlässig, wenn verbal verletzende Dinge geäußert werden oder es sogar zu Gewalt kommt, dann hinterlässt das Spuren in uns. Gleichzeitig verbinden wir das mit dem Gefühl der Liebe.

Schon stecken wir mittendrin in einem Kreislauf aus Hoffnung und Enttäuschung. Ohne es zu wollen, reinszenieren wir das in unserer nächsten Beziehung oder suchen gezielt nach Menschen, mit denen wir dieses Beziehungsmuster wiederholen können.

Um diesen Teufelskreis zu durchbrechen, ist es von Bedeutung, innezuhalten, die eigenen Gefühle und Verletzungen zu reflektieren und achtsam bei sich zu bleiben. Fühlt sich das, was gerade geschieht wirklich gut an oder nur auf eine seltsame Weise vertraut? Möchte ich das hier wirklich oder tue ich es nur, weil ich tief in mir denke, ich verdiene nichts anderes?

Es kann ein schmerzhafter Prozess sein, alte Beziehungsmuster zu überwinden, doch er ist notwendig, wenn wir im Spiel der Liebe unser Glück finden möchten.

Womöglich ist es auch unser Partner oder unsere Partnerin, an dem oder der wir entsprechende Verhaltensweisen erkennen. Sie werden von alten Verletzungen fremdgesteuert oder versuchen, mit uns etwas zu wiederholen, was sie in der Vergangenheit erlebt haben. Dann ist es hilfreich, das behutsam anzusprechen und gemeinsam zu überlegen, wie man diese Dynamik unterbrechen kann, bevor sie zu einem kritischen Faktor für die Beziehung wird.

Ganz wichtig: Der andere hat nie die Aufgabe, Therapeut für den Partner zu sein. Das gilt für beide. Weder kann ich von meinem Partner erwarten, dass er meine seelischen Wunden heilt, noch bin ich für seine verantwortlich.

Es gehört zu einer Partnerschaft, füreinander da zu sein, sich zuzuhören und Liebe und Fürsorge zu schenken. Doch die Verantwortung für mein Verhalten liegt allein bei mir, so wie die Verantwortung für das Verhalten meines Partners allein bei ihm bleibt. Nur dann können wir eine reife, freie und erfüllende Partnerschaft leben.

Die wichtigste Beziehung ist die zu uns selbst

Tatsächlich beginnt Beziehungsarbeit schon lange vor einer Partnerschaft, und zwar mit der Beziehung zu uns selbst.

Wie stehen wir zu uns selbst? Mögen, akzeptieren und lieben wir uns selbst? Können wir Zeit mit uns selbst genießen oder laufen wir vor dem Alleinsein davon? Gibt es Anteile an mir selbst, die ich nicht akzeptieren kann und am liebsten verdränge? Dann wird es Zeit, sich genau mit diesen zu beschäftigen. Anders formuliert: Wenn wir uns selbst schon nicht ertragen, wie soll das dann ein Partner tun?

Die wichtigste Beziehung, die ein Mensch im Leben hat, ist die zu sich selbst. Das vergessen wir oft, besonders, wenn wir doch eigentlich auf der Suche nach dem Partner für das Leben sind.

Es lohnt sich, in die Beziehung mit sich selbst zu investieren und einen liebevollen Umgang mit sich selbst zu leben. Nur, wer sich selbst liebt, kann auch einen anderen Menschen lieben. Deshalb spielt die Selbstliebe eine so wichtige Rolle auf dem Weg zum erfüllten Beziehungsglück.

Wenn Sie jemandem begegnen, der große Probleme mit sich selbst hast, dann achten Sie darauf, nicht zu versuchen, diese Probleme für den anderen zu lösen. Das geht nämlich immer schief!

Wir können anderen bei ihrer Entwicklung helfen, indem wir ihnen als mitfühlende und aufmerksame Gesprächspartner zur Verfügung stehen, doch im Fokus muss immer das eigene Engagement für sich selbst stehen.

Genauso dürfen wir nicht erwarten, dass uns jemand diese Probleme abnimmt. Mein Partner ist nicht mein Problemlöser und auch nicht mein Therapeut. Das zu fordern, führt zwangsläufig zu Enttäuschungen und Konflikten.

Zu einer guten Beziehung mit sich selbst gehört übrigens auch, den eigenen Körper wertzuschätzen und zu akzeptieren. Fast alle Frauen, aber auch viele Männer, finden nicht alles an sich schön, das ist normal.

Wer aber ständig unzufrieden mit sich selbst ist, der strahlt das auch aus und wie wir gesehen haben, schlägt sich das negativ auf die Chance aus, einen Partner zu finden und auf Dauer glücklich zu werden.

Werbung und Co. zeigen uns oft sehr idealisierte Bilder von Aussehen und Körperlichkeit. Es ist wichtig, sich vor Augen zu halten, dass diese Bilder nicht der Realität entsprechen. Menschen sind verschieden und die wahre Schönheit liegt ohnehin im Inneren.

Das bedeutet nicht, dass man sich gehen lassen darf, vor allem nicht in einer Partnerschaft. Aber ständig an sich herumzukritisieren, belastet nicht nur das Selbstwertgefühl, sondern geht irgendwann auch jedem Partner auf die Nerven, ganz gleich, wie verständnisvoll er oder sie ist. Mein Körper ist ein Teil von mir und genau so wertschätzend sollten wir ihn auch behandeln, so wie der Körper unseres Partners/unserer Partner:in zu ihm oder ihr gehört.

Auch das gilt es zu bedenken: Wenn wir uns ständig über unser Äußeres beschweren, dann könnte ein/e Partner:in auch auf die Idee kommen, dass wir an ihrem oder seinem Aussehen etwas auszusetzen haben. Und das ist Gift für eine Beziehung!

Hinzu kommt: Selbstbewusstsein wirkt anziehend und sexy und dazu gehört auch, mit dem eigenen Äußeren im Reinen zu sein und sich selbst ganz und gar so zu akzeptieren, wie man ist.

Zeit für sich selbst kann übrigens auch bedeuten, den eigenen Kleidungsstil zu finden, der den eigenen Charakter widerspiegelt und in dem man sich wohlfühlt. Das kann auch bedeuten, dass man aus der Masse hervorsticht.

In jedem Fall aber sorgt es dafür, dass wir unsere Individualität unterstreichen und auch einen gewissen Wiedererkennungswert besitzen. Was wir tragen und wie wir unsere Wohnung einrichten, drückt aus, wer wir sind und ein/e potenzielle/r Partner:in wird darauf genau achten, um mehr über uns herauszufinden. Aus diesem Grund sollten wir diesen Aspekt nicht unterschätzen. Wer sich gar nicht zu helfen weiß, der sollte vielleicht mal über eine Stilberatung nachdenken. Was passt eigentlich zu mir? Was verkörpert mein Kleidungsstil, meine Frisur und wie kann ich mich selbst optimal präsentieren?

Zeit mit uns selbst – ein großes Geschenk!

Zeit zu zweit – was gibt es Schöneres? Alleinsein kann sich rasch wie Einsamkeit anfühlen, vor allem, wenn man sich eigentlich die Nähe eines Partners wünscht.

Ein Perspektivwechsel kann da hilfreich sein. Wenn wir anfangen, Zeit mit uns allein als Geschenk statt als Strafe zu betrachten, dann fangen wir an, die Alleinzeit zu genieße. Ist es nicht herrlich, ganz für sich zu sein? Keine Kompromisse? Egal ob in Jogginghose auf dem Sofa, bei einem ausgedehnten Spaziergang oder einer anderen Freizeitbeschäftigung, diese Zeit ist Luxuszeit und genau so sollten wir sie auch betrachten.

Vielleicht befinden Sie sich aber auch in einer Situation, in der du nur schwer Zeit für sich allein finden, weil Sie einen anstrengenden Beruf ausüben, der Sie voll fordert oder weil Sie Kinder haben, die Aufmerksamkeit verlangen. Dann ist es umso wichtiger, dass Sie sich gezielt Zeit für sich selbst nehmen. Egal, ob Zeit in der Badewanne, für Sport oder ein gutes Essen oder ein Buch, schaffen Sie sich Inseln, die nur Ihnen gehören und in denen

Sie sich um Niemanden außer sich selbst kümmern müssen.

Zeit für sich selbst heißt auch, aktiv in die eigene Weiterentwicklung zu investieren. Das kann eine Weiterbildung sein, um dem Job meiner Träume näherzukommen, ein Yoga-Kurs oder das Verwirklichen eines anderen Traums wie einer Reise oder eines anderen Erlebnisses.

All das erhöht unsere Selbstzufriedenheit und verwandelt uns ganz automatisch in regelrechte Magnete in Sachen Zweisamkeit. Wir erhöhen unseren Wert im Spiel der Liebe, indem wir Interessantes zu erzählen haben und dem anderen vermitteln, dass wir unabhängig und begehrenswert sind.

Je mehr wir die Zeit mit uns selbst genießen können, umso größer ist die Wahrscheinlichkeit, dass wir auch im Zusammensein mit einem Partner unser Glück finden.

Selbstliebe ist Arbeit

In diesem Kapitel habe ich viel darüber geschrieben, welche positiven Aspekte und Auswirkungen Selbstliebe und die Beschäftigung mit sich selbst haben. Doch zur Wahrheit gehört auch, dass Selbstliebe Arbeit ist.

Es kann anstrengend sein, sich mit sich selbst zu beschäftigen, aufzuräumen in den eigenen Erinnerungen, Gefühlen und Überzeugungen. Manchmal reißen wir dabei alte Wunden wieder auf oder kommen in Kontakt mit Erlebnissen, die wir lieber vergessen möchten.

Wenn es uns gelingt, diese Gefühle und Erinnerungen zu integrieren, dann bringt uns das einen Schritt weiter zur Ganzheit und zu einer zufriedenen und ausgeglichen Persönlichkeit.

Sich selbst zu akzeptieren, bedeutet nicht, zwanghaft alles zu verändern, was einem möglichen Partner nicht gefallen könnte, sondern in sich hinein zu spüren und sich selbst besser kennen zu lernen. Je mehr ich über mich selbst weiß, umso besser kann ich entscheiden, welche Art von Beziehung ich führen möchte.

Jeder von uns hat seine Besonderheiten und genau diese machen uns menschlich. Wie langweilig wäre es, wenn wir alle gleich wären. Die Liebe braucht den Reiz der Kontraste, der Ecken und Kanten, um wirklich spannend zu sein.

10 Schritte zu mehr Selbstliebe

Selbstliebe ist der Kurs auf dem oft unruhigen Meer unserer Beziehungen. Umso trauriger ist es, wie viele Menschen sich mit dem Thema Selbstliebe schwertun. Ohne Selbstliebe sind wir den Manipulationen anderer mehr oder weniger hilflos ausgeliefert. Da wir unseren eigenen Wert nicht kennen, können wir ihn auch nicht achten. Da es auch hier um ein sehr persönliches Vorgehen geht, wechsle ich vorübergehend in das einfachere Du.

1. Seien Sie Ihr größter Fan!

Stellen Sie sich vor den Spiegel und betrachten Sie sich. Was sehen Sie? Können Sie unbefangen und frei zu sich selbst sagen: »Ich liebe mich!«? Oder gibt es da einen Widerstand?

Spüren Sie in sich hinein – woher kommt dieser Widerstand? Was sorgt dafür, dass Sie sich nicht unbefangen selbst lieben können? Gibt es da Dinge, von denen Sie glauben, dass sie Sie daran hindern? Eigenschaften, Dinge, die in der Vergangenheit liegen? Dann gehen Sie liebevoll mit diesem Wissen um.

All diese Dinge machen Sie aus – und jeder von uns ist ein einzigartiges, wundervolles Wesen mit seinem ganz eigenen Seelenplan, das hier ist, um sich selbst zu erfahren. Niemand hat das Recht, uns daran zu hindern und es gibt einen Grund, weshalb wir auf der Welt sind. Lieben wir selbst mit der ganzen Kraft, die wir aufbringen können!

2. Vergeben Sie sich selbst!

Kein Mensch ist ohne Fehler. Worauf es ankommt, ist, dass wir lernen, uns selbst zu verzeihen. Schauen Sie sich die Dinge in Ihrer Vergangenheit an, die Sie belasten und erkenne, dass Sie damals nach bestem Wissen und Gewissen gehandelt haben.

Vielleicht gab es unbewusste Verletzungen, die Sie dazu gebracht haben, so zu handeln oder gewisse Dinge mit sich machen zu lassen, doch heute, im Hier und Jetzt, sind Sie bereit, sich voll und ganz zu lieben und sich alles zu verzeihen. Denn auch unsere Fehler sind ein Teil von uns!

3. Führen Sie einen liebevollen Dialog mit sich selbst!

Über die Macht des inneren Dialogs haben wir in Kapitel 1 schon einmal kurz gesprochen. Mir ist es wichtig, diesen Aspekt noch einmal anzusprechen.

Achten Sie darauf, wie Sie mit sich selbst sprechen! Sagen Sie sich selbst ständig, dass Sie dieses oder jenes schon wieder falsch gemacht haben oder dass eine bestimmte Sache ohnehin nichts werden kann? Oder sind Sie ständig dabei, sich selbst anzufeuern und zu trösten? Das macht in unserem Alltagserleben nämlich einen erheblichen Unterschied.

4. Leben Sie aktive Selbstliebe!

Sich selbst zu lieben, wenn gerade alles schiefläuft, kann eine echte Herausforderung sein. Wir alle haben Schattenseiten, die wir am liebsten ignorieren möchten, doch umso wichtiger ist es, achtsam und liebevoll mit sich selbst zu sein. Selbstfürsorge bedeutet, mich selbst auch dann zu lieben, wenn ich gerade in einer schwierigen Lebenssituation, etwa einer Trennung oder einem ungewollten Single-Dasein stecke.

Das kann bedeuten, mir ganz bewusst Zeit für mich selbst zu nehmen, oder auch nur ein schönes Schaumbad am Ende eines anstrengenden Tages.

5. Sagen Sie sich selbst, wie großartig Sie sind!

Jeder von uns muss sich tagtäglich der Kritik und den Bewertungen anderer stellen.

Das kann auf die Dauer ganz schön anstrengend sein und an unserem Selbstwertgefühl kratzen. Eine gute Übung, um den Kreislauf aus Kritik und Selbstabwertung zu durchbrechen, ist, sich jeden Morgen vor dem Spiegel zu sagen, wie einzigartig, wunderschön und großartig man ist und das am besten mit einem breiten Lächeln im Gesicht.

Schon sieht die Welt ganz anders aus und wir gehen mit einem positiveren Gefühl unseren Alltag an.

6. Stellen Sie Ihr Licht nicht unter den Scheffel!

Selbstliebe heißt nicht, sich größer zu machen als andere, sondern sich selbst zu lieben, egal, ob man gerade zufrieden mit sich ist. Vermutlich haben wir alle etwas an uns auszusetzen.

Wir neigen dazu, uns selbst klein zu machen, weil wir nicht durch einen zu großen Ich-Bezug negativ auffallen möchten. Aber Selbstliebe bedeutet, den eigenen Wert zu kennen und auch zu verteidigen. Selbstachtung ist das Stichwort und ohne diese Haltung geraten wir immer wieder in Situationen, in denen unser Selbstwert Schaden nimmt. Also, kenne Sie Ihren Wert und verkaufen Sie sich auf gar keinen Fall darunter! Sie sind wunderbar, so, wie Sie sind!

7. Sorgen Sie selbst für Ihre emotionalen Bedürfnisse!

Die Sehnsucht nach einer Partnerschaft, in der alle unsere Bedürfnisse erfüllt werden, wohnt jedem Menschen inne.

Doch wie bereits in den vorangegangenen Kapiteln anklang, ist es keine gute Idee, meinem Gegenüber die Befriedigung aller meiner emotionalen Bedürfnisse aufzubürden und bedürftig zu sein. Unabhängigkeit bedeutet, Zeit mit sich selbst zu genießen und dem anderen seine Freiräume zu lassen. Nur so kann Liebe gelingen!

8. Bleiben Sie positiv und lassen Sie sich nicht zu Negativität verleiten!

Wir sind, was wir denken, oder besser, die Welt ist so, wie wir sie sehen möchten.

Manche Menschen haben die Eigenheit, uns mit ihrer Negativität regelrecht anzustecken. Sie beschweren und beklagen sich und verlieren auch über andere nur selten ein gutes Wort. Diese Negativität ist ein echter Energieräuber. Wer sich selbst liebt, muss andere nicht runtermachen, um sich besser zu fühlen. Bleiben Sie positiv und Sie werden viel positives Feedback erfahren.

9. Vergessen Sie Perfektionismus, leben Sie Ihre Eigenheiten!

Keiner von uns ist perfekt.

Wir alle haben unsere Schwächen und Fehler, doch sie machen uns menschlich und erzeugen unsere Individualität. Perfektionismus ist ein ebenso ehrgeiziges wie unerreichbares Ziel, an dem wir nur scheitern können. Gerade erfolgreiche Menschen streben häufig nach einem Ideal von sich selbst, das sie nur selten erfüllen können. Das führt zu Frust und zu Unzufriedenheit. Keine guten Voraussetzungen für eine erfüllende Partnerschaft.

Gestehen Sie sich selbst zu, dass auch Sie nicht perfekt sind, und lieben Sie sich deshalb nicht weniger! Dann wird es sehr viel leichter, jemanden zu finden, der uns gerade wegen unserer vermeintlichen Fehler liebt.

10. Greifen Sie nach den Sternen – Sie haben nur das Beste verdient!

Wenn man sich nach einer erfüllenden Partnerschaft sehnt, aber immer wieder enttäuscht wird, dann kann die Hoffnung manchmal auf ein sehr niedriges Niveau sinken.

Wir haben das Gefühl, dass das alles keinen Sinn macht und wir für immer unglücklich und allein bleiben werden. Das kann uns dazu verleiten, Kompromisse einzugehen, mit denen wir nicht glücklich sind. Tatsächlich ist das sogar der direkte Weg in das Unglück.

Wenn ich mich selbst liebe, dann weiß ich, dass ich nur das Beste verdient habe. Das Beste, das ist ein Partner, der sich aufmerksam um uns kümmert, für uns da ist und mit uns unsere Träume teilt.

Respekt, Achtung, Fürsorge, Treue und gelebte Zweisamkeit, das sind die Aspekte, nach denen wir uns sehnen und wir sollten uns auf keinen Fall mit weniger zufriedengeben. Ein Partner, der deinen Wert nicht kennt, hat uns nicht verdient!

Geben Sie niemals auf, damit die große Liebe Sie auch findet

Zugegeben: Manchmal kann die Durststrecke bis zum Finden des/der Traumpartner:in eine Weile dauern und dann schleicht sich irgendwann der Eindruck ein, alles sei vergeblich und man müsse für immer alleine bleiben. Vor allem wenn um einen herum alle auf einmal die große Liebe finden, kann das Singledasein ganz schön anstrengend werden. Genauso an Feiertagen oder im Urlaub.

Doch wer lernt, die Zeit mit sich selbst zu genießen, dem wird sie nicht lang vorkommen. Im Gegenteil, die Zeit zwischen zwei Beziehungen ist nicht nur eine Übergangsphase, sondern eine Chance zu Wachstum, Entwicklung und Investment in sich selbst. Und je besser wir uns selbst kennen, umso anziehender wirken wir auf andere! Das ist Teil der Zaubermacht der Liebe!

Endnoten:

[1], abgerufen am 10.11.2020.

[2] Chen, Z., Williams, K.D., Fitness, J., Newton, N. (2008). When hurt will not heal. Exploring the capacity to relive social and physical pain. Psychological Science, 19 (8), 789-795.

[3] Stahl, Stefanie (2015): Das Kind in dir muss Heimat finden: Der Schlüssel zur Lösung (fast) aller Probleme. Kailash.

4. Raus aus der Liebesfalle – rein in das echte Leben!

Ist es nicht paradox? Auf der einen Seite jagen wir alle der großen Liebe nach, auf der anderen Seite sind viele von uns gar nicht bereit, die Liebe wirklich in unser Leben zu lassen. Ein Dilemma, das viele von uns kennen. Wir fürchten, enttäuscht zu werden, wollen uns nicht einlassen, sind hin- und hergerissen, zwischen dem, was wir uns wünschen und dem, was wir nach außen kommunizieren.

Ist es beispielsweise ok, sich einen Partner zu wünschen, aber mit ihm nicht zusammenleben zu wollen? »Living apart together« nennt man das im englischsprachigen Raum und ja, das ist vollkommen ok.

Eine Beziehung erfordert zwar immer Kompromisse, doch, wenn es um die Rahmenbedingungen geht, sollten sie unseren Bedürfnissen entsprechen und nicht umgekehrt. Immerhin soll eine Partnerschaft ja unser Leben bereichern und schöner machen, nicht komplizierter.

Dabei ist die Liebe doch häufig schon kompliziert genug, wie wir in den vorangegangenen Kapiteln gesehen haben.

Sich auf jemanden einzulassen, ohne, sich selbst zu verlieren ist nur ein Balanceakt von vielen, den es zu meistern gilt, wenn wir uns in einen anderen Menschen verlieben.

Wie viel zeige ich von mir? Wie viel Nähe lasse ich zu? Wie deutlich kann ich ausdrücken, was ich mir wünsche? Was, wenn der andere mich ablehnt, oder ich auf einmal feststelle, dass das nicht funktioniert? Was, wenn die Gefühle ausbleiben, oder was, wenn sie mit aller Macht zuschlagen, obwohl die Umstände gerade nicht optimal sind?

Liebe macht eben, was sie will.

Sie macht uns im wahrsten Sinne des Wortes ver-rückt. Auf einmal ist nichts mehr, wie es war, wir erkennen uns selbst nicht mehr wieder.

Himmelhochjauchzend und zu Tode betrübt liegen nah beieinander. Eben noch fliegen wir 5 Zentimeter über dem Boden, weil wir eine aufregende Textnachricht erhalten haben, dann wieder sind wir vollkommen niedergeschlagen, weil der andere sich nicht meldet.

Gerade in der Kennenlernphase kann das ganz schön anstrengend sein – aber auch aufregend. Liebe verfügt eben über ihre ganz eigene Zaubermacht.

Wenn man sich ein paar Grundsätze zu Herzen nimmt, dann kann die Anfangsphase einer Beziehung besonders schön werden, mit Schmetterlingen im Bauch und schlaflosen Nächten, betrunken vor Glück.

Der Fokus entscheidet

Im vorangegangenen Kapitel ging es um das Thema Selbstliebe. Auf den ersten Blick mag man sich fragen, warum das so einen großen Platz in Sachen Partnerschaft einnimmt, doch tatsächlich kann man die Bedeutung der Selbstliebe – und der Selbstachtung – gar nicht hoch genug einschätzen. Nur, wenn ich mich selbst achte und respektiere, kann ich diese Achtung und diesen Respekt auch meinem Gegenüber entgegenbringen.

Wenn ich tief in mir davon überzeugt bin, dass ich nicht liebenswert bin, dann suche ich mir automatisch Partner, die genau das bestätigen, und mich schlimmstenfalls ausnutzen.

Weiß ich hingegen, wer ich bin und was ich will, dann steuere ich von ganz allein nur auf Menschen zu, die genau das spiegeln, die meinen Wert erkennen und ihren eigenen gut vertreten können. Beste Voraussetzungen für ein schönes Kennenlernen, bei dem es viele Gemeinsamkeiten zu entdecken gilt.

Wie bei allem im Leben kommt es auf den Fokus an. Worauf richte ich meine Aufmerksamkeit? Auf einen Menschen, der zu mir passt und mir guttut, oder jage ich möglicherweise Dingen nach, die mir nicht entsprechen oder von denen ich bereits weiß, dass sie nicht zum gewünschten Ergebnis führen?

Der Fluch der selbsterfüllenden Prophezeiung

Eine Menge Bücher handeln davon, dass positives Denken dafür sorgt, dass sich unsere Welt verändert. Doch kaum jemand redet darüber, was das eigentlich für die Liebe bedeutet.

Um den einen Menschen anzuziehen, der zu mir passt und mich glücklich macht, muss ich genau das ausstrahlen. Wenn ich davon überzeugt bin, dass ich in Sachen Liebe ein Pechvogel bin und immer alles schiefgeht, dann wird auch genau das eintreten. Zum einen, weil ich mit meiner Ausstrahlung – eher unglücklich, nicht sehr selbstbewusst – Menschen anziehe, die nicht gut für mich sind; zum anderen, weil ich unbewusst meine Beziehung so gestalte, dass sie mich nicht erfüllt. Ich schaffe mir meine Welt so, wie sie zu meinen unbewussten Überzeugungen passt.

Solche Überzeugungen sind die bereits erwähnten Glaubenssätze. »Ich bin nicht liebenswert« oder »ich werde immer nur betrogen« sind solche Sätze, die eine sehr nachteilige Wirkung auf unser Liebesleben haben können. Das ist der Fluch der sich selbst erfüllenden Prophezeiungen. Je mehr ich von etwas überzeugt bin, umso mehr wird es sich in meinem Leben verwirklichen. Aus diesem Grund ist es so wichtig, an sich selbst und an den inneren Überzeugungen zu arbeiten.

Auch, wenn ich mich für mein Äußeres, meinen Körper oder etwas anderes schäme, dann ist das wie ein Schatten, der auf mein Licht fällt. Viel schöner ist es doch, das eigene Licht scheinen zu lassen und so für den Wow-Effekt bei einem potenziellen Partner zu sorgen.

Es gibt auch Glaubenssätze, die während einer Beziehung ihre Wirkung entfalten, etwa, wenn ich fest davon überzeugt bin, dass mein/meine Partner:in mich gar nicht wirklich liebt oder mich eines Tages verlassen wird. Das kann dazu führen, dass ich ein sehr kontrollierendes oder klammerndes Verhalten an den Tag lege und damit den/die Partner:in tatsächlich vergraule. Auch das ist ein Teil einer sich selbst erfüllenden Prophezeiung.

Liebe lebt von der Hoffnung und vom gegenseitigen Vertrauen. Nur, wenn ich beides mit ganzem Herzen fühlen und schenken kann, kann sich das Wunder der Liebe für mich entfalten.

Ist mein Partner der Richtige?

Zweifel gehören zum Leben dazu. Sie geben uns im besten Fall Impulse, uns weiterzuentwickeln und zu verändern. Doch wenn ständig Zweifel an uns nagen, dann ist das wie eine Abkürzung in das Unglück. Nichts im Leben ist zu 100 Prozent perfekt und sehr vieles, auch eine Beziehung, besteht aus Kompromissen, schließlich haben wir als Menschen individuelle Ansichten und Bedürfnisse und diese in

Einklang zu bringen bedarf es des Entgegenkommens von beiden Seiten.

Fernsehen, Kino und Musik suggerieren oft, dass es da draußen so etwas wie den/die perfekte Partner:in gibt und dass mit diesem einen Menschen dann auf Knopfdruck das große Glück beginnt. Und tatsächlich fühlt es sich ja am Anfang, in der Phase der großen Verliebtheit, genauso an.

Doch spätestens nach dieser Phase landen wir auf dem Boden der Realität, manchmal auch ziemlich unsanft. Wir entdecken »Fehler« am anderen, Makel, mit denen wir erst einmal nicht einverstanden sind. Die perfekte Fassade bekommt Risse, auf einmal kommt ein echter Mensch mit Ecken und Kanten zum Vorschein. Für jede Beziehung eine echte Herausforderung, an der viele Partnerschaften scheitern.

Auch später können Konflikte und Uneinigkeiten zu einer derartigen Belastungsprobe werden, dass die Zweisamkeit das nicht übersteht.

Das Problem dahinter ist die Vorstellung eines perfekten Partners. Tatsächlich existiert dieser nur im Reich der Fiktion. Eine echte Partnerschaft erfordert immer Arbeit und das Finden ständig neuer Kompromisse. Kein Mensch wird voll und ganz zu mir passen und mich sozusagen symbiotisch ergänzen. Wir sind eben alle Individuen!

Worauf es ankommt, ist, ob die Gefühle stark genug sind und der gemeinsame Wunsch, zusammenzusein. Dann wird es für alle auftretenden Probleme in der Gegenwart und in der Zukunft auch eine Lösung geben. Wer mit der Erwartung eine Partnerschaft eingeht, mein Gegenüber sei »perfekt«, der wird zwangsläufig enttäuscht werden und das birgt neues Konfliktpotenzial.

Besser ist es, mit einer realistischen Vorstellung an die neue Beziehung heranzugehen und den Partner mit seinen Ecken und Kanten zu akzeptieren und nicht zu versuchen, ihn meinem Idealbild anzupassen. Das kann nämlich nur schiefgehen!

Sobald ich versuche, meinen Partner meinen Bedürfnissen entsprechend zu verändern, mache ich ihn und mich unglücklich und zerstöre im schlimmsten Fall die gemeinsame Basis.

Jede Beziehung braucht Gegenseitigkeit. Wenn ich merke, dass mein Partner trotz aller Anstrengungen nicht dazu bereit ist, sich wirklich auf die Reise zum Glück einzulassen, dann muss ich für mich irgendwann ehrlich Bilanz ziehen: Macht mich diese Beziehung dauerhaft glücklich? Gibt es die Chance, dass sie sich in naher Zukunft verbessert? Ist es sinnvoll, an ihr festzuhalten, oder sich von ihr zu lösen, damit jemand in mein Leben treten kann, der viel besser zu mir passt?

Zum Suchen und Finden der Liebe gehört auch, dass ich mich nicht mit einer Partnerschaft zufriedengebe, in der meine Bedürfnisse und Wünsche konsequent ignoriert werden. Das heißt nicht, dass man keine Kompromisse eingeht, aber wenn immer nur ein Partner gibt und sich einlässt, während der andere sich nur um sich selbst kümmert, dann ist irgendwann der Moment gekommen, an dem man sich entscheiden muss, ob es nicht an der Zeit ist, Abschied zu nehmen und weiter zu ziehen. Niemand sollte sich mit einer Partnerschaft abfinden, in der er oder sie unglücklich ist, nur weil man denkt, nichts Besseres mehr zu finden. Auf einen solchen Gedanken kommt man übrigens nicht, wenn man, wie in Kapitel drei beschrieben, Selbstliebe aktiv lebt und die eigenen Wünsche und Grenzen gut genug kennt. Machen Sie sich klar: Sie verdienen nur das

Beste! Greifen Sie nach den Sternen und schließen Sie keine faulen Kompromisse!

Liebe zulassen, dann können Wunder geschehen

Liebe ist eine Zaubermacht, genau darum geht es in diesem Buch. Doch manchmal sehnen wir uns zwar einerseits nach den ganz großen Gefühlen, aber innerlich sind wir nicht bereit, sie zuzulassen, wenn sie in unser Leben tritt. Wie wir gesehen haben, liegt der Grund dafür in uns selbst, unseren Überzeugungen und früheren Erfahrungen. Umso wichtiger ist es, sich für das Wunder der Liebe zu öffnen und ihr wirklich Platz im eigenen Leben einzuräumen, denn nur dann kann sie ihre ganze Zaubermacht entfalten.

Liebe zuzulassen, kann manchmal ganz schön schwer sein, vor allem, wenn wir vorher enttäuscht wurden. Umso wichtiger ist es, alte Beziehungen abzustreifen und dem Neuen eine Chance zu geben.

Liebe folgt ihren eigenen Regeln und Gesetzen. Manchmal haben wir eine bestimmte Vorstellung davon, wie der perfekte Partner sein soll und verschließen so die Augen dafür, dass jemand ganz anderes eigentlich viel besser zu uns passt oder wir für ihn oder sie viel tiefere Gefühle empfinden.

Es ist entscheidend, sich nicht selbst im Weg zu stehen und jederzeit offen zu sein für das Wunder der Liebe, denn sie kann uns buchstäblich jederzeit über den Weg laufen und unser ganzes Leben auf den Kopf stellen: auf dem Weg zur Arbeit, bei einem Essen mit Freunden, im Internet. Nicht immer trägt die Liebe dabei das Gewand, das wir vermuten oder erwarten, doch nur, wenn wir bereit sind, sie auch zu erkennen, kann sie in unser Leben treten.

Vielleicht sieht meine neue Liebe ganz anders aus als mein »Typ«, vielleicht ist die betreffende Person älter oder jünger, lebt an einem anderen Ort oder verkörpert einen anderen Gegensatz zu mir. All das spielt keine Rolle, wenn die Liebe das Zepter übernimmt. Dann zählt nur noch das Gefühl – wenn wir es denn zulassen!

Jede Beziehung ist ein neuer Anfang

Können Sie sich noch an das Gefühl Ihrer ersten großen Liebe erinnern? Wie es sich anfühlte, ganz und gar im Bann dieses Gefühls zu stehen, mit

Herzklopfen und schlaflosen Nächten? Die erste Liebe ist immer etwas ganz Besonderes, deshalb erinnern wir uns meistens unser Leben lang an sie. Je älter wir werden und je mehr Erfahrungen wir mit der Liebe haben, umso vorsichtiger werden wir. Lieber nicht zu viel erwarten, auf dem Boden der Tatsachen bleiben oder aber der Liebe erst gar keine Chance geben, nur um nicht wieder enttäuscht oder verletzt zu werden.

Meistens erinnern wir uns nämlich vor allem lebhaft an das Gefühl des ersten Liebeskummers. Damals war der Schmerz so groß, dass er nie aufzuhören schien. Auch danach hat sich dieses Gefühl vermutlich noch ein paar Mal wiederholt, doch es war uns bereit vertraut.

Es ist von großer Bedeutung, bei einer neuen Beziehung sozusagen alles zu löschen, was wir noch mit der vorangegangenen Beziehungen verbinden: Verhaltensweisen, Rituale, Kosenamen, Streitthemen. Alles andere ist dem neuen Partner gegenüber nicht fair.

Man kann das in Form einer Reflexion machen oder sogar in einem kleinen Ritual, in dem man alles auf ein Stück Papier schreibt, was man noch mit dem alten Partner verbindet und dieses dann verbrennt.

Loslassen ist entscheidend, damit das Neue, Schöne auch wirklich beginnen kann und eine echte Chance hat. Jede Liebe schreibt ihre eigene Geschichte – wir müssen es nur zulassen!

Wahre Liebe bedeutet Arbeit und braucht Zeit

Wissen Sie, warum die meisten Liebesfilme (und Märchen) in dem Moment enden, wenn sich die beiden Hauptdarsteller endlich finden? Weil erst dann der wirkliche Teil der Arbeit an einer Beziehung beginnt. Jede Beziehung bedeutet Arbeit und braucht Zeit. Den anderen kennenzulernen, zu verstehen und sich näherzukommen, ist keine Sache, die man innerhalb weniger Tage oder Wochen abschließen kann. Vielmehr ist es ein ständiger Prozess. Auch nach Jahren kann ich an meinem Partner neue Seiten entdecken, wenn ich bereit dazu bin.

Gerade wenn man am Anfang sehr verliebt ist, möchte man am liebsten jede Sekunde miteinander verbringen. Doch zu schnell zu viel Nähe kann rasch das Aus für eine Beziehung bedeuten.

Besser ist es, die Dinge langsam anzugehen und auch die Phasen, in denen man sich nicht sieht zu genießen. Schließlich zeigt das Gefühl der schmachtenden Sehnsucht doch, dass mir der andere wirklich am Herzen liegt und macht das Wiedersehen umso schöner. So bewahrt man sich den Zauber der Liebe möglichst lange! Statt eine bestimmte Vorstellung meines Partners im Kopf zu haben, ist es viel bereichernder, mich unvoreingenommen auf ihn einzulassen. Manches, das mir anfangs vielleicht fremd oder seltsam vorkommt, kann im Laufe der Zeit zu genau den einzigartigen Eigenschaften werden, die ich an meinem/meiner Partner:in besonders liebe.

Natürlich möchten wir uns am Anfang einer Beziehung nur von unserer besten Seite präsentieren und schlüpfen schnell auch mal in eine Rolle, von der wir denken, dass sie dem anderen/der anderen besser gefällt. Doch in Wirklichkeit begehen wir damit Selbstbetrug. Wir zeigen uns nicht authentisch und verbergen unser wahres Selbst. Auf diese Weise nehmen wir unserem Gegenüber die Möglichkeit, uns wirklich kennen und lieben zu lernen.

Das bedeutet nicht, dass man von Anfang an in Jogginghose oder mit ungemachten Haaren herumlaufen sollte. Im Gegenteil, sich Mühe zu geben, ist ein Zeichen meines Interesses und meiner Wertschätzung für den anderen, und zwar nicht nur am Anfang einer Beziehung.

Doch eine Partnerschaft kann nur funktionieren, wenn wir ehrlich mit uns und dem anderen sind. Was nützt es uns, wenn wir uns auf eine Weise zeigen, die gar nicht unserem wahren Ich entspricht? Die Wahrheit kommt früher oder später ohnehin an das Licht und dann ist die Enttäuschung umso größer.

Zu sich zu stehen – auch zu den eigenen »Fehlern« – ist ein Ausdruck von Selbstbewusstsein und Lebensfreude und wie wir bereits gesehen haben, übt das auf einen möglichen Partner eine unwiderstehliche Anziehungskraft aus.

Wir spüren instinktiv, wenn uns jemand gegenüber nicht aufrichtig auftritt, möglicherweise mit Eigenschaften oder Besitztümern prahlt, die gar nicht existieren. Dann bleiben wir automatisch auf Abstand, da wahre Liebe Ehrlichkeit als Fundament braucht. Das sollten wir uns bei unseren Begegnungen immer vor Augen halten – und das auch von unserem Gegenüber einfordern. Schließlich möchten wir ja mit einem echten Menschen zusammen sein und nicht mit einer idealisierten Version, die ohnehin keinen Bestand hat.

Respekt ist der Schlüssel zum Glück

Es liest sich so selbstverständlich: Respekt ist unverzichtbar für eine glückliche Beziehung. Doch in der Tat ist Respekt ein hohes Gut, das es jederzeit zu schützen und zu bewahren gilt. Ist er einmal verloren, dann ist es sehr schwer, ihn wieder zurückzugewinnen.

Respekt zeigt sich sowohl in den kleinen wie in den großen Dingen. Dem anderen zuhören, ihn ausreden lassen und auf seine Wünsche eingehen, ist ein Teil davon.

Mich nicht gehen zu lassen, bei einem Streit nicht mit Schimpfwörtern um mich schmeißen, oder gar handgreiflich zu werden, ist ein anderer. Bestimmte Dinge sollten niemals passieren oder gesagt werden, auch nicht im Streit. Beispielsweise sollte niemals im Affekt damit gedroht werden, die Beziehung zu beenden, wenn es nicht wirklich so gemeint ist.

Worte, die einmal gesagt wurden, kann man nur schwer wieder zurückholen. Sie bleiben im

Gedächtnis haften und werfen ihre Schatten über eine Beziehung. Schlimmstenfalls werden sie bei jedem Streit wieder hervorgeholt, weil die Verletzung einfach so tief geht.

Der Grund dafür ist, dass die Anerkennung und Wertschätzung eines Partners sehr viel wichtiger ist als die von Freunden oder Kollegen. Sagt dieser etwas Abwertendes, selbst, wenn es nur im Streit geschieht, dann trifft uns das tief und manchmal sind die Spuren nicht mehr auszulöschen.

In Beziehungsstreits sind immer viele Gefühle involviert und diese können auch schnell überkochen, vor allem bei emotionalen oder impulsiven Menschen. Umso wichtiger ist es, sich in Selbstkontrolle zu üben und die Reißleine zu ziehen, bevor Situationen eskalieren.

Zu respektieren, was dem anderen wichtig ist oder worauf er Wert legt, gehört ebenfalls dazu. Streits oder Beziehungsinterna gehen Dritte nichts an, ebenso haben boshafter Spott oder ständige Gemeinheiten nichts in einer Beziehung verloren. Dann geht es nur darum, den anderen abzuwerten, um möglicherweise von eigenen Defiziten abzulenken und das erfüllt die Merkmale einer toxischen – vergifteten – Beziehung. Das Ruder noch einmal herumzureißen, wird auf dieser Basis schwer.

Deshalb ist Achtsamkeit ein wichtiger Bestandteil einer gesunden und harmonischen Beziehung. Lieber einmal mehr auf die Zunge beißen und die Situation verlassen, statt Dinge zu sagen oder zu tun, die man später bereut.

Wenn man sich natürlich nur noch auf die Zunge beißt, nur, um die Gefühle des anderen nicht zu verletzen, oder weil man ein Drama befürchtet, dann ist es vielleicht an der Zeit, über den Sinn einer solchen Beziehung nachzudenken.

Jede Liebe hat ihren eigenen Zauber

In unserer Kindheit wissen wir noch, dass die Welt verzaubert ist und echte Wunder für uns bereithält. Wir glauben an Elfen oder an den Weihnachtsmann. Doch irgendwann auf dem Weg zum Erwachsendasein geht dieses Wissen verloren. Damit berauben wir uns selbst eines breiten Erfahrungsspektrums, nämlich dass es Wunder und Magie wirklich gibt, zumindest in der Liebe. Nicht umsonst sagt man, dass Liebe alle Grenzen überwindet und die stärkste Macht im

Universum ist. Sie wird als Ausdruck des Göttlichen verstanden und als höchste Form des Seins. Alle Religionen der Welt predigen die Liebe, auch wenn sie in der Realität oft etwas anderes abbilden. Wir Menschen streben danach, zu lieben und geliebt zu werden, und nichts macht uns so glücklich, wie erfüllte Beziehungen voller Liebe zu leben. Kein materieller Besitz kann das ersetzen, weshalb sich auch alle großen Geschichten letztlich um die Liebe drehen.

Ganz gleich, ob wir bereits in einer Beziehung leben oder uns nach einer sehnen, wir dürfen nie aufhören, an den Zauber der Liebe zu glauben. Auch wenn alles aussichtslos oder verloren scheint, gibt es Hoffnung, solange es Liebe gibt.

Manchmal neigen wir dazu, unser Leben entlang bestimmter Normen auszurichten, ohne diese zu reflektieren. »Eine Beziehung hat so oder so zu sein«, ist so eine Norm. Doch jede Liebe folgt ihren eigenen Regeln und Gesetzen und nur im Vertrauen darauf, kann das Liebesglück gelingen. Wir müssen der Liebe Raum geben, damit sie sich in unserem Leben verwirklichen kann, und alles, was zählt, ist das Gefühl. Es spielt keine Rolle, wie aussichtslos eine Lage ist, wie verfahren eine Situation. Solange ich liebe, lohnt es sich, zu kämpfen und weiterzumachen. Die Liebe wird uns Lösungen und Auswege präsentieren und am Ende winkt das große Glück.

Die australische Palliativkrankenschwester Bronnie Ware veröffentlichte 2013 ihr Buch »5 Dinge, die Sterbende am meisten bereuen«[1]. Darin hält sie fest, was sie aus vielen Gesprächen mit Sterbenden gelernt hat. Die meisten bereuen auf dem Sterbebett, sich nicht genug um das eigene Glück und die Beziehungen zu anderen bemüht zu haben.

Weder Arbeit noch Besitz können uns das Glück schenken, das die Liebe für uns bereithält, sowohl die zu unserem/unserer Partner:in, noch zu unserer Familie und unseren Freunden. Deshalb sollten wir es aktiv leben und gestalten, jeden Tag auf das Neue, denn, wie wir wissen, kann das Leben manchmal sehr schnell und abrupt enden und Menschen bereuen die Dinge am meisten, die sie nicht getan haben.

Aus diesem Grund lade ich in Sachen Liebe ein, ruhig mal etwas zu riskieren, aus sich herauszugehen. Im schlechtesten Fall sammelt man eine Erfahrung und lernt etwas über sich selbst, im besten wartet das große Liebesglück. Warum also abwarten, zurückhalten, zögern? Die Liebe ist eine launische Sache. Sie schenkt uns nicht unbegrenzt Chancen zum Glück, deshalb sollten wir es beim Schopf packen, wenn es sich uns zeigt und uns nicht hinter hinderlichen Umständen oder Vorbehalten verstecken. Sonst könnte es sein, dass wir genau das am Ende unseres Lebens sehr bereuen. Und wer möchte das schon?

Von der Macht der Liebe

Liebe ist größer als wir. Unzählige Balladen, Dramen und Gedichte erzählen davon, dass wir uns der Übermacht der Liebe letztlich nur ergeben können. Wir müssen anerkennen, dass sie sich weder berechnen noch planen noch erzwingen lässt. Das ist Teil ihres Zaubers und Grundlage der Macht, die sie über die Menschen hat.

Liebe schert sich nicht um die Pläne, die wir irgendwann gemacht haben, nicht um unsere Absichten, Ideen und Konzepte. Sie macht mit uns, was sie will. Das ist manchmal schwer zu akzeptieren, denn wir alle sind in unserem Alltag darauf ausgerichtet, möglichst viel zu kontrollieren.

Doch wenn wir es einfach geschehen lassen, uns dem Zauber der Liebe hingeben und ihre Macht über uns alle anerkennen, dann schenkt uns das nicht nur Freiheit, sondern es löst auch die Blockaden in uns, die der Erfüllung unserer Wünsche möglicherweise entgegenstehen. Vermutlich hat davon schon jeder mal gehört: Je krampfhafter sich manche Menschen eine Beziehung wünschen und ihr hinterherjagen, umso weniger gelingt es, während man in dem Moment, in dem man gar nicht auf der Suche ist, auf einmal von Verehrern:innen umschwärmt wird.

Endnoten:

[1] Ware, Bronnie (2013): 5 Dinge, die Sterbende am meisten bereuen: Einsichten, die Ihr Leben verändern werden. Arkana Verlag.

5. Wahrhaftig lieben – wahrhaftig glücklich

Die Geschichte der Menschheit ist voller Wechselfälle und Veränderung. Und doch gleicht sich die Art, wie wir lieben und Liebe empfinden, auf erstaunliche Weise.

Wer verstehen möchte, wie das Suchen und Finden der Liebe funktioniert, der findet in alten Texten oft erstaunliche Inspiration.

Eine Sehnsucht, so alt wie die Welt

Das »Hohelied Salomos« findet sich im Alten Testament und wird auch das »Lied der Lieder« genannt. Es beschreibt die sehnsuchtsvolle Liebe einer Frau zu einem Mann. Von ihr geht die Initiative zur Liebe aus. Es handelt sich um sehr poetische, sehnsuchtsvolle Passagen, deren Zugehörigkeit zum Kanon der Bibel lange umstritten war, allerdings deutete man später die Worte allegorisch auf die Beziehung Gott zu seinem auserwählten Volk um.

Ich bin eine Blume in Scharon und eine Lilie im Tal.

Wie eine Lilie unter den Dornen, so ist meine Freundin unter den Mädchen.

Wie ein Apfelbaum unter den wilden Bäumen, so ist mein Freund unter den Jünglingen. Unter seinem Schatten zu sitzen begehre ich, und seine Frucht ist meinem Gaumen süß.[1]

Er führt mich in den Weinkeller, und die Liebe ist sein Zeichen über mir. Er erquickt mich mit Traubenkuchen und labt mich mit Äpfeln; denn ich bin krank vor Liebe. Seine Linke liegt unter meinem Haupte, und seine Rechte herzt mich.

Rund 30 einzelne solcher Liebeslieder sind enthalten, die die (auch erotische) Liebe zwischen Mann und Frau besingen. König Salomos Herrschaft wird auf das 10. Jahrhundert v. Chr. datiert, also rund 12.000 Jahre vor unserer Zeit. Doch die Zeilen sind so eindringlich und aktuell, als seien sie erst letzte Woche verfasst worden. Es wird angenommen, dass die Lieder ursprünglich zu Hochzeiten gesungen wurden, um der neuen Verbindung Segen, Fruchtbarkeit und lebenslange Liebe zu bescheren. Die Sehnsucht nach der Liebe – offenbar so alt wie die menschliche Welt selbst!

Berühmt sind auch die Verse des antiken römischen Dichters Gaius Valerius Catullus, der im 1. Jahrhundert v. Chr. in Verona lebte. In seinen über 100 Carmen-Versen beschwört er seine Liebe zu seiner Angebeteten Lesbia.

Gib mir tausend Küsse, darauf hundert,
dann tausend weitere, dann ein zweites Mal hundert,
darauf$_2$ ununterbrochen weitere tausend, danach hundert,

dichtet Catull und wir können beim Lesen heute noch die Sehnsucht nachempfinden, die er damals, vor über 2000 Jahren, für seine Geliebte empfand.

Weder Musik, noch Malerei oder Dichtkunst wäre ohne den Zauber der Liebe denkbar. Unzählige Kunstwerke wurden unter dem Einfluss der Liebe geschaffen und ihr gewidmet. Durch die Geschichte hinweg findet sich eine große Bandbreite an beeindruckenden künstlerischen Werken, die sich um die Liebe drehen und die uns beim Lesen, Hören oder Ansehen sofort mit dem eigenen Gefühl der Liebe verbinden. Wir mögen zwar heute als moderne Menschen leben, Handys und Computer nutzen, doch wir lieben heute nicht anders als vor tausenden von Jahren. Möglicherweise ist es die Fähigkeit zur Liebe, die uns überhaupt erst menschlich macht. Bislang gibt es keine Beweise dafür, dass zum Beispiel andere Säugetiere so etwas wie Liebe empfinden können, vor allem nicht die zwischen zwei Partnern.

Interesse am Gegenüber

Es klingt so simpel, doch damit Liebe gelingt, braucht es das aufrichtige Interesse aneinander. In Zeiten von Tinder & Co. kann der oder die Einzelne schnell den Eindruck gewinnen, dass es bei der Partnersuche vor allem darum geht, sich selbst aufzuwerten und in der Aufmerksamkeit eines anderen zu sonnen.

Wenn ich mich nicht für den anderen interessiere, was ihn ausmacht, ihm wichtig ist, was er braucht und was er sich wünscht, dann wird es schwer, in einer Beziehung das vertrauensvolle und durch Hingabe und gegenseitige Fürsorge geprägte Level zu erreichen, nach dem wir uns sehnen.

Sich zu verlieben, berauscht zu sein an der Nähe des anderen, ist zwar ein durch Euphorie geprägter

Zustand, doch wie wir gesehen haben, ist dieser Zustand nicht von Dauer. Er trägt uns nur über die Anfangszeit einer Beziehung.

Danach ist ein ständiges Investment in die Partnerschaft notwendig, damit sie sich weiterentwickelt und Vertrauen und Nähe entstehen kann.

In einer Beziehung geht es um das »Wir«, nicht nur um die Bedürfnisse eines Einzelnen. Wenn immer nur einer der beiden Partner gibt, der andere nur nimmt, dann entsteht eine Schieflage, die auf Dauer die Harmonie einer Beziehung beeinträchtigt.

Ich bin für den anderen nicht nur Mittel zum Zweck und umgekehrt. Wenn es mir immer nur um meinen eigenen Vorteil geht oder der andere mich nur benutzt, um sich besser zu fühlen oder Aufmerksamkeit und Fürsorge zu erleben oder nicht allein zu sein, dann hat das nichts mit aufrichtigem Interesse zu tun.

Interesse bedeutet, sich auch mal zurückzunehmen und die Bedürfnisse des anderen vor meine eigenen zu stellen. Das Sprichwort vom »ewigen Geben und Nehmen« entfaltet hier seine besondere Bedeutung. Eine Beziehung kann nicht funktionieren, wenn immer nur einer einzahlt auf das Beziehungskonto und der andere nur abräumt. Es muss ein gewisses Gleichgewicht existieren und ein Ausgleich stattfinden, der sich auf alle Bereiche einer Beziehung erstreckt. Das betrifft auch Aspekte wie die Finanzen. Wenn immer nur einer die ganze finanzielle Last trägt und der andere der Nutznießer ist, dann hat das nichts mit einer gleichberechtigten Partnerschaft auf Augenhöhe zu tun, auch wenn es für den Moment für den Nehmenden angenehm ist.

Wenn beide aufrichtiges Interesse aneinander zeigen, dann fallen alle weiteren Schritte einer Beziehung leicht und es werden sich bei allen Problemlagen wunderbare und unerwartete Lösungen zeigen.

Vom Ich zum Wir

Wir Menschen begreifen uns als Individuen, vor allem in unserer modernen Gesellschaft. In einer Partnerschaft geht es aber nicht um zwei »Ichs«, die Zeit und Nähe teilen, sondern um die Entwicklung hin zu einem »Wir«, zu einer Einheit. Das kann nur gelingen, wenn sich beide aufeinander zu bewegen. Die Motivation dahinter ist das zuvor erwähnte Interesse aneinander. Ich halte es für wichtig, sich diesen Prozess bewusst zu machen und ihn entsprechend zu gestalten. Wie sich das in der Praxis erfolgreich umsetzen lässt, darauf gehe ich im folgenden Kapitel noch im Detail ein.

Es ist nicht damit getan, einfach zu erklären, dass man sich in einer Partnerschaft befindet, sondern dieses »Wir« erfordert das aktive Engagement beider Seiten, und zwar immer und immer wieder, auch dann, wenn es gerade anstrengend ist oder sogar eine kleine Liebesflaute herrscht.

In allen Beziehungen gibt es Phasen größerer Nähe und dann wieder Distanz. Diesen Wechsel als Teil einer gesunden Beziehung zu akzeptieren, kann schwer sein, vor allem, wenn einer von beiden ein größeres Bedürfnis nach Nähe oder Rückzug hat als der andere. Was dann hilft, ist Kommunikation. Nur wenn ich ehrlich mit dem anderen über meine Gefühle und Bedürfnisse spreche, hat dieser die Möglichkeit, auf diese einzugehen.

Umgekehrt kann ich nur auf meinen Partner eingehen, wenn ich ihm aufmerksam zuhöre und Empathie und Verständnis zeige, auch wenn seine

Bedürfnisse gerade nicht mit meinen übereinstimmen.

Akzeptanz und Annahme

Akzeptanz und Annahme sind zwei bedeutende Aspekte einer funktionierenden Beziehung. Meinen Partner so zu akzeptieren, wie er ist, ist der erste Schritt. Manchmal geht es auch darum, zu akzeptieren, dass sich Dinge gerade nicht ändern lassen, etwa, dass mein Partner gerade durch eine schwierige Phase geht oder sich von mir zurückzieht.

Bei einer Fernbeziehung bleibt mir nichts anderes übrig, als die räumliche Distanz zwischen uns zu akzeptieren und das Beste daraus zu machen. Das Vermissen unter der Woche kann ja auch dazu führen, dass die Wochenenden umso intensiver erlebt werden.

Es gibt zwar ein »Wir«, doch jeder der beiden Partner ist weiterhin ein Individuum mit einem Beruf, einem Freundeskreis und eigenen Interessen. Sich diese Bereiche zu erhalten und zum Beispiel Freundschaften weiter zu pflegen, sorgt für Stabilität in der Beziehung und der Persönlichkeitsentwicklung.

All-in für die Liebe

Ganz klar: Ohne Engagement geht es nicht. Nur wenn ich mich ganz und gar auf die Liebe einlasse, kann ich es »gewinnen«, also mein Glück in einer Partnerschaft finden.

»Ganz oder gar nicht«, könnte man auch sagen oder »ein bisschen zusammen sein gibt es nicht«. Entweder man befindet sich in einer Beziehung und übernimmt Verantwortung für diese oder man lässt es. Halbe Sachen führen zu Enttäuschungen und Verletzungen und sind nicht gut für die Selbstachtung. Behandele ich einen anderen nicht mit dem notwendigen Respekt und der Aufmerksamkeit, schade ich letztlich mir selbst, umgekehrt tue ich mir keinen Gefallen, wenn ich an jemandem festhalte, der nicht bereit ist, sich auf mich einzulassen und sich fest zu binden.

Selbstverständlich gibt es in allen Beziehungen eine Anfangsphase, in denen noch nicht klar ist, was aus der Zweisamkeit wird. Doch irgendwann ist es an der Zeit, die Weichen zu stellen und Klartext zu reden.

Jemanden hinzuhalten, nur weil man gerade niemand »Besseren« findet, ist kein gutes Verhalten und fällt letztlich nur auf einen selbst zurück. Es ist ein Irrglaube, dass sich jemand in Liebesdingen rücksichtslos, respektlos oder gar gemein verhalten kann, ohne, dass das irgendwann Konsequenzen hat.

Ich sollte mit dem anderen, auch wenn ich mich nicht dauerhaft an ihn oder sie binden möchte, immer so umgehen, wie ich selbst behandelt werden möchte. Ehrlich und Respekt sind da das A und O, auch und besonders, wenn sich die gemeinsamen Wege trennen.

Vertrauen und Loyalität

Die Grundpfeiler jeder Beziehung sind Vertrauen und Loyalität. Ein wenig Vertrauen muss jeder Beziehungspartner von Anfang an in die Beziehung mitbringen, später vertieft sich das gegenseitige Vertrauen mit der Zeit.

Vertrauen bedeutet zu wissen, dass mein Partner immer nur mein Bestes im Sinn hat und niemals willentlich etwas tun würde, das mir schaden oder mich verletzen würde.

Loyalität heißt, dass ich immer hinter meinem Partner stehe und ihn oder sie in seinen oder ihren Vorhaben unterstütze.

Auch die Einmischung durch Dritte ist nur möglich, wenn zwischen zwei Partnern nicht genügend Loyalität besteht. Es gibt in meinen Augen wenig Schlimmeres, als wenn Menschen die Interna ihrer Beziehungen nach außen tragen. Natürlich braucht man manchmal einfach mal jemanden zum Reden, vor allem, wenn es gerade schwierig in einer Beziehung steht, doch ich sollte meine/n Partner:in niemals in einem schlechten Licht darstellen oder ihm oder ihr in den Rücken fallen.

Ein solches Verhalten kann sich zu einer schweren Hypothek für die Beziehung entwickeln.

Loyalität beinhaltet auch, dass ich in meinen Plänen und Absichten die Interessen und Gefühle meines/meiner Partner:in immer mit berücksichtige. Rücksichtslosigkeit und Egoismus bedeuten meistens sehr schnell das Ende einer Partnerschaft. Das »Wir« kann nur gelingen, wenn beide dieses

»Wir« bei allen Entscheidungen und Handlungen immer im Hinterkopf haben.

Die Balance zwischen Nähe und Distanz

Eine der größten Herausforderungen in einer intakten Beziehung ist die Balance zwischen Nähe und Distanz, vor allem, wenn die Partner unterschiedliche Bedürfnisse haben.

Auch hier liegt die Lösung wieder in der Kommunikation. Wenn jeder über seine Bedürfnisse spricht, dann können Absprachen getroffen werden, die beiden gerecht werden.

Hilfreich ist es auch, die eigene Perspektive zu hinterfragen. Welche Vorteile hat es für mich, auch mal Zeit mit mir allein zu verbringen? Stichwort Selbstliebe!

Ein Ausgleich zwischen Phasen, in denen man viel Zeit zusammen verbringt und dann wieder nicht, hilft jeder Beziehung, gesund zu bleiben, auch dann, wenn es augenscheinlich erst einmal keine Probleme gibt. Auf die Dauer ist es nämlich für keine Beziehung gut, wenn man ständig aufeinanderhängt. Dann ist Streit fast vorprogrammiert. Also besser bewusst Zeiten mit mehr Distanz einplanen, um zu einem schönen Miteinander beizutragen.

Eine Möglichkeit zum Beispiel ist es, feste Wochentage zu definieren, in denen man etwas alleine unternimmt oder sich nicht sieht. So kann es nicht zu enttäuschten Erwartungen kommen und jeder weiß, woran er ist.

Rituale leben, Veränderung zulassen

Rituale sind ein wichtiger Baustein einer tragfähigen Beziehung. Ein Ritual kann der wöchentliche gemeinsame Filmabend sein, aber auch, sich abends immer noch einmal »Gute Nacht« zu sagen, egal, wo man gerade ist. Rituale schaffen Stabilität und Nähe und erhöhen den Wert des Zusammenseins.

Gleichzeitig kommt es darauf an, nicht an festgefahrenen Beziehungsroutinen festzuhalten. Dann verliert man nämlich schnell das Prickeln, das jede Beziehung lebendig hält. Veränderung gehört zum Leben und auch in einer Partnerschaft entwickeln sich beide Partner weiter, bringen neue Impulse ein, verändern sich Gewohnheiten. Das anzunehmen und zuzulassen, ist ein Rezept dafür, auf lange Sicht zusammen zu bleiben und sich in einer Beziehung wohl und angenommen zu fühlen.

Kompromisse & Prinzipien

Keine Beziehung klappt ohne Kompromisse. Dazu ist es notwendig, die eigenen Prinzipien immer wieder zu überprüfen. Nur so kann ich feststellen, ob mir diese Prinzipien überhaupt noch nutzen oder ob sie mir vielleicht den Weg zum Liebesglück verstellen.

Auch hier handelt es sich um eine Gratwanderung, bei der man sich immer wieder aufeinander einlassen muss und vor allem das Mittel der Kommunikation zum Einsatz kommen sollte.

Wir gehören einander nicht

Einszusein, miteinander zu verschmelzen gehört zu den schönsten Erfahrungen, die man in der Liebe machen kann. Doch kein Partner gehört dem anderen. Jeder bleibt ein Individuum mit einem freien Willen.

Kontrolle, Druck oder sogar emotionale Erpressung gehören nicht in eine gesunde Erziehung. Das Handy meines Partners ist tabu, ebenso wie seine oder ihre Sachen.

Ein bisschen Eifersucht sorgt für Prickeln, zu viel kann schnell zu einem Bumerang mit verheerender Wirkung für die Zweisamkeit werden.

Führen Sie sich immer wieder vor Augen: »Wir gehören einander nicht!« Ich finde den Gedanken schön, dass man auch eine langfristige Beziehung jeden Tag auf das Neue wieder bejahen und sich für sie entscheiden muss. So wird sie nicht zu etwas Selbstverständlichem, sondern zu etwas bewusst Gelebtem und Gestaltetem, das man Tag für Tag wertschätzt.

Liebe braucht Freiheit

Liebe und Freiheit – wie passt das zusammen? Auf den ersten Blick ist doch eine feste Bindung genau das Gegenteil von Freiheit.

Doch tatsächlich gehören Liebe und Freiheit untrennbar zusammen. Ich kann Niemanden aus Zwang lieben oder andere zwingen mich zu lieben. Liebe ist ein Geschenk, das aus Freiheit geboren wird. Nur wenn ich die Freiheit habe, mich immer wieder auf meinen Partner zubewegen und die gemeinsame Zeit zu gestalten, kann Zweisamkeit gelingen.

Mehr dazu findet sich in meinem Buch »Der Genuss der Zweisamkeit: So kann die große Liebe gelingen«.[3]

Wie wir glücklich sind, entscheiden wir

Da draußen gibt es viele Konzepte und Normen davon, wie Liebe oder eine Partnerschaft zu sein hat. Entscheidend ist, oder letztlich geht es nur die Partner selbst etwas an, wie sie glücklich sind. Scheren Sie sich nicht um Normen und Konzepte, leben Sie Ihre Beziehung so, wie es sich für Sie richtig und gut anfühlt. Wie Sie glücklich sind, das geht niemand etwas an!

Endnoten:

[1] Zitiert nach Lutherbibel 1984: https://www.die-bibel.de/bibeln/online-bibeln/lesen/LU84/SNG.2/Hoheslied-2

2

https://www.lateinheft.de/catull/catull-carmen-5-uber setzung/, abgerufen am 15.11.2020.

[3] Gleue, Mariana (2020): Genuss der Zweisamkeit: So kann die große Liebe gelingen. Neopubli.

6. Das Geheimnis einer erfüllenden Partnerschaft

Wie wir in den vorangegangenen Kapiteln gesehen haben, ist jede Partnerschaft anders und folgt ihren eigenen Regeln. Dennoch gibt es ein paar Aspekte, die jeder verinnerlicht haben sollte, der sich nach einer erfüllenden Partnerschaft sehnt und diese in seinem Leben verwirklichen möchte.

Freunde & Liebende

Haben Sie schon einmal den Satz gehört, dass jemand »Partner und beste/r Freund:in« ist? Auf den ersten Blick mag das seltsam sein, immerhin ist Freundschaft etwas anderes als freundschaftliche Liebe. Es geht um Anziehung, Verführung und Erotik, um Nähe, gemeinsamen Alltag und Kribbeln im Bauch. Eine Freundschaft hingegen kann zwar ebenfalls von tiefen Gefühlen gekennzeichnet sein, doch ihr fehlen klassischerweise all diese Aspekte.

Doch die Vorstellung, einander auch Freund/Freund:in zu sein, hilft uns, wirklich füreinander da zu sein und nicht den Fehler zu begehen, ständig von dem anderen zu erwarten, dass er oder sie mich glücklich macht oder rund um die Uhr für mich da ist. Auch fällt es dann leichter, sich in den anderen hineinzuversetzen und Grenzen zu respektieren.

Freunde hören einander zu und kennen sich gut. Wenn ich mir vorstelle, mein Partner ist (auch) mein bester Freund/beste Freundin, kann ich das möglicherweise leichter umsetzen, als wenn wir uns nur als Liebende betrachten.

Gemeinsame Träume & Visionen

Jede Beziehung braucht gemeinsame Träume und Visionen. Erste können etwa ein geplanter Urlaub, ein Hauskauf, ein Kind oder auch nur ein bestimmtes Erlebnis wie Fallschirmspringen sein.

Visionen sind etwas größer angelegt. Wo sehen wir uns in einem, in drei und in zehn Jahren und vielleicht auch erst in 50? Mir vorzustellen, wie ich mit einem Menschen alt werde, ist eine schöne Erfahrung. Wir freuen uns auf all die Erlebnisse und Erfahrungen, die noch vor uns liegen.

Machen Sie dazu eine kleine Übung: Jeder notiert fünf Dinge, die er noch gemeinsam mit dem Partner erleben möchte, und zusätzlich beschreibt jeder, wie er die Beziehung in ein paar Monaten, ein paar Jahren und ein paar Jahrzehnten sieht. Nehmen Sie sich Zeit dafür und schmücken Sie die Details aus, um die Vision auch für den Partner lebendig zu machen. In meinen Augen gibt es nur wenig schönere Liebeserklärungen als gemeinsame Zukunftsträume.

Auch wenn in einer schwierigen Phase der Esprit in einer Beziehung ein wenig verloren geht, hilft diese Übung, sich einander wieder anzunähern.

Beziehung aktiv gestalten

Wie in Kapitel 4 schon angesprochen, braucht jede Liebe Arbeit und aktives Engagement beider Partner. Im Alltag kann das schnell untergehen, immerhin prasseln Tag für Tag zahlreiche Anforderungen auf uns ein und die Beziehung rückt im Laufe der Zeit in den Hintergrund.

Genau das gilt es zu verhindern. Nehmen Sie sich jeden Tag Zeit füreinander und dafür, über die Beziehung und den Partner nachzudenken. Wie geht es ihm/ihr? Was kann ich tun, damit es ihr/ihm besser geht? Auf was freuen wir uns in der nahen und weiteren Zukunft? Wie kann ich meiner/meinem

Partner:in eine Freude bereiten oder ihn oder sie überraschen? Was macht ihn glücklich, was braucht er gerade?

Jemand, der gerade viel arbeitet, freut sich vielleicht über ein leckeres Essen oder die Einladung zu einem Spaziergang, jemand, der gerade eine schwere Zeit durchmacht, genießt Ablenkung und viel Nähe und Fürsorge.

Vergessen Sie dabei sich selbst nicht: Wie geht es mir gerade in der Beziehung? Fühle ich mich gesehen, umsorgt und geliebt? Was vermisse ich? Wie kann ich daran etwas ändern? Ist es möglicherweise nur eine Phase, oder sollte ich das Gespräch mit meinem Partner suchen? Wie kann es mir gelingen, ihn oder sie zu erreichen, ohne verletzend zu sein? Ist möglicherweise ein Brief ein besserer Weg als die direkte Konfrontation? Sollte ich mich noch ein wenig zurücknehmen und Verständnis haben oder ist es an der Zeit, die Sache anzugehen und auf meine Bedürfnisse zu pochen? Versetzen Sie sich dazu auch immer wieder in die Situation Ihres Partners und erwarten Sie von ihm oder ihr das Gleiche.

Exklusive Zeit füreinander

Der Alltag ist anstrengend und es gibt immer mal Phasen, in denen man mal mehr oder weniger Zeit füreinander hat. Umso bedeutsamer ist es, sich exklusive Inseln der Zeit füreinander zu schaffen, auch, wenn es nur ein Abend pro Woche oder ein Wochenende alle zwei Wochen ist. Planen Sie dafür feste Zeiten in Ihrem Terminkalender ein und verschieben Sie diese nur im äußersten Notfall. Zeit füreinander ist ein wichtiger Grundpfeiler für eine Beziehung und nicht nur Bonus. Ohne gemeinsame Erlebnisse verödet der Fluss der Zweisamkeit und zurück bleibt nur staubige Erde. Das Schwierige daran ist, dass das ein schleichender Prozess ist, vor allem, wenn man zusammen wohnt und den ganzen Alltag zusammen hat. Aber Alltag ist eben keine Beziehungszeit und genau die muss geschaffen und gestaltet werden. Auch nach Jahren können Sie so Ihre/n Partner:in auf neue Weise kennen- und lieben lernen und so das Prickeln in Ihre Partnerschaft zurückholen. Setzen Sie also lieber früher als später auf festgelegte Zeiten, die nur Ihrem Partner gehören, auch wenn dazu ein Babysitter organisiert oder Termine verschoben werden müssen.

Zweisamkeit zelebrieren

Liebe ist ein Fest, deshalb sollten wir sie gemeinsam feiern, und zwar in jedem gemeinsamen Augenblick. Die Momente der Zweisamkeit sind kostbar, deshalb sollten wir nicht zulassen, dass der Alltag in unsere Partnerschaft einbricht und sie ihres Zaubers beraubt.

Schaffen Sie für gemeinsame Abende eine schöne Atmosphäre mit Kerzenlicht und gutem Essen, ziehen Sie sich schön an und verzaubern Sie Ihr Gegenüber, so dass er oder sie Sie wieder in einem neuen, aufregenden Licht sieht.

Lassen Sie zu, dass Sie diese gemeinsame Zeit genießen und zelebrieren Sie jeden Augenblick, denn er ist kostbar. Auf diese Weise entstehen die gemeinsamen Erinnerungen, die zum Fundament einer Beziehung werden. Je stärker dieses Fundament ist, umso stärker ist Ihre Beziehung!

Komplimente und kleine Aufmerksamkeiten

Ich gestehe: Ich bin ein großer Fan von fantasievollen Komplimenten. Es ist schade, dass in

Zeiten moderner Kommunikationsmittel das Schreiben von Liebesbriefen ein wenig in Vergessenheit geraten ist. Kein Grund, diese schöne Tradition nicht wieder zu beleben! Nehmen Sie sich Zeit, Ihrem Partner einen Brief zu schreiben, in dem Sie aufschreiben, was Sie an ihm oder ihr besonders schätzen, welche Erinnerungen Ihnen wertvoll sind und wie Sie sich in der Zukunft sehen. Nutzen Sie dazu eine bildreiche Sprache, schaffen Sie schmeichelhafte Vergleiche und unterstreichen Sie die Wesenszüge, die Sie an Ihrem/Ihrer Partner:in besonders lieben. Komplimente und kleine Aufmerksamkeiten wirken wie ein Boost in Sachen Liebe, und zwar in jeder Phase einer Partnerschaft.

Mit Sorgfalt gewählte Worte sind das schönste Mittel der Verführung, das es gibt. Nutzen Sie es, und zwar nicht nur in Liebesbriefen, sondern auch in Textnachrichten oder kleinen Zetteln, die Sie für Ihre(n) Liebsten(n) an Orten verstecken, wo er/sie sicher findet.

Symbole & Meilensteine

Symbole stehen für besonders schöne Erlebnisse und Meilensteine, die eine Beziehung gemeistert hat. Sie zeigen sich in Erinnerungsstücken wie Eintrittskarten und Andenken, aber auch in anderen Symbolen, die die Kommunikation erleichtern, wenn das Miteinandersprechen gerade schwierig ist.

Freunde von mir haben zwei kleine Tauben aus Porzellan, die in der Küche auf der Fensterbank neben einander stehen. Eine Taube steht für ihn und eine für sie. Wenn alles gut ist, dann stehen die beiden Turteltauben dicht beieinander. Bei einem Streit werden sie auseinandergerückt und wenn einer von beiden wieder bereit für eine Annäherung ist, dann schiebt man sie wieder ein Stück näher aneinander. Das lässt sich natürlich auch mit Kuscheltieren oder anderen Gegenständen machen. Für mich ein schönes Ritual, um einen festgefahrenen Streit zu überwinden, und ein wunderbares Ritual für die Liebe.

Ein Meilenstein kann ein großes oder ein kleineres Erlebnis sein, zum Beispiel das Datum, ab dem man offiziell zusammen ist, der erste Urlaub, das erste gemeinsame Weihnachten, und natürlich große Meilensteine wie das Zusammenziehen, die Hochzeit oder die Geburt eines gemeinsamen Kindes.

Die Erinnerung an die gemeinsamen Meilensteine hochzuhalten, intensiviert eine Beziehung und lässt uns Dankbarkeit füreinander empfinden. Fotowände, Memoryboards und Bücher und andere Erinnerungsstücke sind dazu ganz hervorragend geeignet.

Zuhören & Verstehen

Über den Wert von Zuhören und Verstehen ist in diesem Buch schon viel geschrieben worden. Trotzdem möchte ich diesen Aspekt noch einmal aufgreifen. Zuhören und Verstehen ist nicht nur dann wichtig, wenn es gerade ein akutes Problem gibt, sondern auch im Alltag. Ich sollte dem anderen stets meine ganze Aufmerksamkeit schenken, wenn er mit mir spricht und mich immer wieder in ihn hineinversetzen. So können Missverständnisse vermieden werden, die sich mit der Zeit zu großen Hürden aufbauen, die eine Beziehung in eine gefährliche Schieflage bringen können. Deshalb lieber vorsorgen und immer wieder auf den anderen eingehen, ihm Aufmerksamkeit schenken und sich in ihn hineinfühlen. Dann vergesse ich ganz automatisch nicht, den anderen in meine Entscheidungen mit einzubeziehen und es fällt mir leichter, Verständnis aufzubringen, auch wenn wir gerade nicht einer Meinung sind.

Grenzen ziehen und achten

Ganz klar: Jede Beziehung lebt von Kompromissen. Doch genau so wichtig ist es auch, Grenzen zu ziehen und die Grenzen meines Partners zu achten. Eine Grenze kann beispielsweise sein, dass es mir wichtig ist, auch mal Zeit allein zu verbringen oder dass ich bei bestimmten Themen sensibel reagiere oder über sie nicht sprechen möchte.

Vielleicht ist mir Ordnung wichtig und meinem Partner nicht oder vielleicht lege ich Wert darauf, dass sich mein Partner bei mir meldet, wenn er unterwegs ist. Möglicherweise hat mein Partner gerne Besuch, ich aber brauche Rückzugsmöglichkeit.

Es ist von Bedeutung, in einer Beziehung über Grenzen zu sprechen und diese wechselseitig auch zu achten. Nur wenn ich weiß, wo die Grenzen

160

meines Partners liegen und meine vertrete, können diese geachtet werden.

Es ist sinnvoll, konkret über Grenzen zu sprechen und diese festzulegen. Zu diskutieren macht keinen Sinn, eine Grenze ist eine Grenze und muss als solche auch respektiert werden. Anders kann es nicht funktionieren.

Enttäuschungen gehören dazu

In jeder Beziehung gibt es Enttäuschungen. Sie gehören einfach dazu! Manchmal entstehen sie durch Kommunikationsprobleme und Missverständnisse, manchmal, weil Interessen kollidieren oder man sich nicht in den anderen hineinversetzt. Entscheidend ist, ob ich bereit bin, eine Enttäuschung zu akzeptieren und über sie hinwegzukommen. Andernfalls trage ich einen Groll in mir, der schlimmstenfalls zu einer Belastung für die Beziehung wird.

Zwischenmenschliche Kommunikation ist immer auch von Fehlinterpretationen geprägt. Sich das vor Augen zu halten, hilft, über Enttäuschungen hinwegzukommen. Wie bei allem, ist es auch hier sinnvoll, das Gespräch mit meinem Partner zu suchen. Sprechen Sie über Ihre Gefühle und drücken Sie aus, was Sie verletzt.

Versuchen Sie, bei sich zu bleiben und nicht den Partner anzugreifen, so dass er oder sie eine Chance hat, zu verstehen, was in Ihnen vorgeht. Gehen Sie davon aus, dass Ihr Partner nie die Absicht hat, Sie zu verletzen oder Ihnen zu schaden. Lassen Sie das Gefühl der Verletzung zu und unterdrücken Sie es nicht, aber halten Sie auch nicht daran fest. Führen Sie sich vor Augen, warum Sie mit Ihrem/Ihrer Partner:in zusammen sind und was Sie an der Partnerschaft schätzen, aber bleiben Sie auch klar in dem, was Sie nicht möchten und was Ihnen nicht guttut.

Sich selbst nicht vergessen

Auch wenn wir in einer Partnerschaft sind, bleiben wir Individuen und müssen unsere ganz persönlichen Entwicklungsschritte durchmachen. Das kann bedeuten, dass wir manchmal ganz andere Erfahrungen als unser/e Partner:in machen.

Beispielsweise treten manchmal Lebenskrisen in Form von Krankheit oder Jobverlust auf, die natürlich im Rahmen einer Partnerschaft getragen und verarbeitet werden wollen, doch gleichzeitig müssen wir auch darauf achten, dass unsere Bedürfnisse nicht unter die Räder geraten. Wer ständig nur gibt und sich selbst vergisst, wird auf Dauer unglücklich.

Doch auch ohne krisenhafte Ereignisse ist es wichtig, sich nicht allzu sehr vom Partner abhängig zu machen und sich auch um die Dinge zu kümmern, die jenseits der Beziehung von Bedeutung sind. Das können berufliche Angelegenheiten sein, aber auch ein Hobby, Freundschaften oder schlicht das Thema Selbstliebe.

Wenn wir aufhören, uns weiterzuentwickeln, nur, weil wir in einer Beziehung sind, schaden wir auf lange Sicht uns selbst und wir verlieren auch den Reiz für den anderen.

Umso wichtiger ist es, sich selbst nicht zu vergessen und immer wieder aktiv in sich selbst zu investieren.

Was ist Ihnen wichtig? Was möchten Sie in Ihrem Leben verwirklichen? Machen Sie sich nicht abhängig von Ihrem Partner, sondern schaffen Sie bewusst Inseln, die nur Ihnen vorbehalten sind und in denen Sie sich nur um sich selbst kümmern können.

Eine erfüllte Zweisamkeit ist großartig, doch sie kann nur gelingen, wenn wir als Individuen immer wieder den Schritt vom »Ich« zum »Wir« machen und dieses ich will gepflegt sein, definiert und weiterentwickelt werden.

Jeder von uns befindet sich auf seiner ganz eigenen Reise in seinem Leben und die Stationen in jedem Leben wollen gemeistert und bei Gelingen auch gefeiert werden. Eine Partnerschaft bereichert uns und ist sozusagen das Sahnehäubchen auf der Torte des Lebens, doch leben und mit Sinn erfüllen müssen wir unsere Existenz selbst. Das kann keine Partnerschaft übernehmen.

Richtig streiten

Dem Thema »richtig streiten« habe ich in meinem ersten Buch ausführlich behandelt. Doch weil es so wichtig ist für eine funktionierende Beziehung, möchte ich es gerne noch einmal aufgreifen.

Missverständnisse und Enttäuschungen gehören zum Suchen und Finden der Liebe dazu. Auf der Suche nach meinem/meiner Traumpartner:in begegne ich möglicherweise Menschen, die mich enttäuschen, zurückweisen oder auf andere Weise einen Misserfolg darstellen.

Auch in einer Beziehung wird es Phasen geben, in denen es an Harmonie fehlt oder in der Konflikte ausgetragen werden.

Vor allem auf die erste Kennenlernphase folgt eine Phase, in der Grenzen abgesteckt und Werte verhandelt werden. In dieser Phase kann es zu Diskussionen und Konflikten kommen. Diese sind kein Zeichen dafür, dass das Miteinander scheitert, sondern dafür, dass die Beziehung in eine neue Phase eingetreten ist. Es lohnt sich, diese Phase bewusst zu gestalten und als eine Zeit der Transformation zu erkennen, auf die eine neue Phase intensiverer Nähe und Vertrauen folgt.

Stellt man in dieser Phase fest, dass man doch nicht zueinander passt, kann es zu einer Trennung kommen.

Auch das ist kein Grund, enttäuscht zu sein. Vielmehr ist es besser, Dankbarkeit für die gemeinsam gelebte Zweisamkeit und die gemachten Erfahrungen zu empfinden, um nicht mit Groll oder dem Gefühl einer Verletzung aus der

Beziehung zu gehen und dieses möglicherweise in die nächste Partnerschaft zu übertragen.

Bei einem Streit kommt es darauf an, nicht in Vorwürfe zu gehen oder verbale Angriffe zu formulieren. Vielmehr sollte man sich darauf konzentrieren, klar über die eigenen Empfindungen zu kommunizieren und bei sich zu bleiben.

Statt zu verallgemeinern – »Du hörst mir nie zu«, sollte man konkrete Wünsche äußern und von der eigenen Wahrnehmung sprechen. »Ich habe den Eindruck, dass du mir oft nicht zuhörst. Ich würde mir wünschen, dass wir uns Zeit nehmen, um miteinander zu sprechen. Es gibt viele Themen, die mir auf dem Herzen liegen und über die ich gerne mit dir sprechen möchte«. Das ist eine ganz andere Art und Weise, sich mitzuteilen als »Ich bin vollkommen unglücklich in unserer Beziehung. Du interessierst dich nicht für mich und bist nie für mich da.«

Besser ist es, über konkrete Situationen zu sprechen, bei denen man sich zurückgesetzt oder verletzt gefühlt hat, so dass der andere die Möglichkeit hat, darauf einzugehen.

Auch sollte ich meinem Partner Zeit geben, sein Verhalten zu ändern und ihm die Chance lassen, es beim nächsten Mal besser zu machen. Wenn ich sofort unterstelle, dass sich ja doch nichts ändert, dann nehme ich uns beiden die Möglichkeit, gemeinsam an der Beziehung zu arbeiten und das gegenseitige Verständnis zu vertiefen.

Vergeben & Verzeihen

Zu jedem Streit gehört die Versöhnung. Nur wenn ich bereit bin, meinem Partner zu vergeben, kann wieder Harmonie in die Beziehung kommen.

Doch Vergebung braucht Verständnis. Wenn ich den Eindruck habe, dass mein Partner nicht auf meine Bedürfnisse eingeht und kein Verständnis für meine Gefühle zeigt, dann wird es mir schwer fallen, erlebte Enttäuschungen und Verletzungen zu überwinden und mich ohne Vorbehalte und Misstrauen wieder auf den anderen einzulassen.

Zum Vergeben gehört auch die Entschuldigung. Was sich so leicht liest, ist für viele Menschen eine echte Herausforderung. Eine Entschuldigung sollte immer von Herzen kommen und auf die Gefühle des anderen eingehen.

Jemandem seine Wahrnehmung abzusprechen, etwa im Sinne von »stell Dich doch nicht so an« oder »Du übertreibst« ist keine gute Idee.

Besser ist es, empathisch zu kommunizieren, selbst, wenn man nicht einer Meinung ist.

»Ich bin zwar nicht deiner Meinung, aber ich verstehe, dass du dich verletzt fühlst« ist eine Möglichkeit, auch in einer Streitsituation wertschätzend zu kommunizieren und keine tiefen Verletzungen zu schaffen, die in meinem Gegenüber gären und möglicherweise bei einer neuen Streitsituation wieder auf das Tablett kommen.

Schlusswort: Vom Suchen und Finden der Liebe

In diesem Buch geht es um das Suchen und Finden der Liebe und das große Spiel der Liebe. Wir alle spielen es und sehnen uns danach, es zu gewinnen. Der Hauptgewinn ist eine erfüllende Partnerschaft, in der wir uns ganz wiederfinden und in der sich all unsere Träume und Ziele verwirklichen.

Die Liebe als Gefühl ist ständiger Veränderung unterworfen. Mal werden diese durch äußere Umstände angestoßen, mal sind es innere Transformationsprozesse, die im besten Fall dazu führen, dass darauf Phasen neuer Intimität und Nähe folgen. Es ist ein wenig wie bei einer Berg- und Talfahrt, bei der man die Schattenseiten akzeptieren muss, um die schönen Momenten umso intensiver zu erleben.

Das Suchen und Finden der Liebe kann eine große Herausforderung sein, vor allem, wenn es im eigenen Leben und Empfinden noch so manche Baustelle gibt.

Deshalb möchte ich an dieser Stelle einladen, sich weiter mit dem Thema Liebe und Partnerschaft zu beschäftigen und neue Impulse aufzugreifen. In meiner Arbeit eröffne ich neue Perspektiven und gebe konkrete Hilfestellungen, wie das Suchen und Finden der Liebe zu einer schönen und bereichernden Erfahrung werden kann.

Auch bei Hürden und Problemen stehe ich als Beziehungsexpertin meinen Klienten mit Rat und Tat zur Seite.

Informationen über Coaching und Workshops mit Mariana Gleue erhalten Sie unter:

www.Mariana-Gleue.de

Danksagung

Dank an meine verständnisvolle und warmherzige Mutter und meine Schwester, die mich mit bedingungsloser Liebe und großer Intuition auf meinem Lebensweg unterstützen. Dank an meinen Vater, der meine Liebe zur Literatur und eine unverfälschte Neugier auf das Leben in mir geweckt hat - er lebt in meinem Herzen und im Himmel weiter. Dank an meinen Neffen und persönlichen »Humorberater« Brani für seine authentische und freche Art und an meine zauberhafte, künstlerische und sensible Nichte Angela für ihre ehrlichen Kommentare.

In besonderer Weise möchte ich mich bei meinem Partner bedanken, der mir in so vielfältiger Weise gezeigt hat, wozu Liebe im Stande ist. Vielen Dank für diese Erfahrung, die mir wichtige Impulse für dieses Buch gegeben hat.

Ein dickes Dankeschön an meine einzigartig kritische und wohlwollende Freundin Prof. Susanne Schweitzer-Krantz. Mit ihrer analytischen Präzision und großem Herz hat sie mich kreativ bei dem

Manuskript und der Gestaltung des Buches unterstützt.

Danke an meine großartigen Freundinnen Nelly Schlaugis und Susanne Stein, dass sie so viel Geduld mit mir hatten, während ich mich auf dieses Buch konzentriert habe. Liebe Susanne, liebe Nelly, danke für Eure Großartigkeit und dass ihr mich moralisch immer unterstützt habt!

Danke an meine lieben Freunde Andreas Hermann, Prof. Peter Fischer und Prof. Roland Schappert für Eure wertvollen Ideen.

Und noch ein aufrichtiges Dankeschön an all die Singlemänner und –frauen, an all die Paare, die der Geist und Inspiration dieses Buches sind und die mir so großzügig ihre Zeit, ihr Vertrauen und ihre Erkenntnisse geschenkt haben. Ohne euch hätten diese Recherche und Buchidee nie realisiert werden können.

Danke an Gott und das Universum für Gesundheit, Glück und all die Wunder, die uns tagtäglich begegnen!

Zeitfracht Medien GmbH
Ferdinand-Jühlke-Straße 7
99095 Erfurt, Deutschland
produktsicherheit@kolibri360.de